개정판

# 날로 먹는 중국어

## 어휘편 上

김미숙 · 윤소현 지음

도서출판 문

**HSK 5급 수준이 되어야 중국인과의 소통에 문제가 없다.**

'중국인과 자유롭게 소통할 수 있으려면 HSK 몇 급 정도 되어야 하나요?'
학생들이 가장 많이 하는 질문이다. 회화는 기초부터 가능은 하지만 수준 있고 막힘없는 회화
는 HSK 5급 정도의 어휘를 자기의 것으로 만들었을 경우에 비로소 가능해진다. 이 책에서
다루는 단어는 HSK 5급 수준의 우리말과 같은 중국어라서 시험을 준비하거나 회화할 때 필
요한 충분한 어휘를 단기간 안에 습득하고 싶은 학습자에게 유용한 단어집이 될 것이다.

**소리로 접근한 연상법이 단시간 내에 많은 어휘를 흡수할 수 있게 한다.**

한국어에서 한자어의 비율은 대략 60% 이상이며 우리는 이미 생활 속에서 자연스럽게 한자
어에 익숙해져 있기 때문에 쓰지는 못하더라도 구어로서는 어려움이 없는 것이 사실이다. 중
국인이 많이 쓰는 말 중 우리말과 똑같은 단어를 집중학습하면 보다 빠른 시간 안에 대량의
어휘를 흡수할 수 있게 된다. 이 역시 어휘를 날로(쉽게/매일 매일) 먹어 보자는 롱차이나 중
국어의 교수법 중 하나이다. 중국인과 막상 회화를 하게 되면 엄청난 어휘량의 필요성을 절
실히 느끼게 된다.
또 모국어가 한국어다 보니 머릿속에서는 늘 한국어가 먼저 떠오르고 그 단어에 적합한 중국
어를 찾아내지 못하게 된다. 이 때 재빨리 중국어와 완전히 똑같은 우리말의 한자어를 떠올
리고 그 한자어에 응하는 발음을 조합한다면 세련되고 고급스런 회화를 할 수 있을 것이다.

**한자를 알아야만 고급 중국어를 구사할 수 있다.**

기초에서 접하는 어휘는 오히려 우리말의 한자어와는 다른 어휘가 대부분이지만 단계가 높아
아질수록 우리말의 한자어와 같은 어휘가 많아진다. 즉 우리말과 같은 중국어를 충분히 습득
하고 있다면 고급스런 중국어 회화구사에 많은 도움이 될 것이다.
물론 우리말과 다른 어휘도 상당히 많다. 하지만 우리말과 같아서 친숙한 어휘를 먼저 익히면
서 그 과정에서 한자를 이해하게 된다면 우리말의 한자어와 다르게 조합이 된 어휘라 하더라
도 결국은 한자 하나 하나의 개별적인 의미를 이해하고 있기 때문에 사전 없이 해석할 수 있는
능력까지도 가지게 되는 것이다.


**도저히 빠져 나올 수 없는 늪 강의 – 동영상 강의가 있다.**

# 차 례

# 家

**jiā** 집 가

### 가구 家具 jiājù

**명사** 가구.

我今天买了一些新家具。
나는 오늘 새 가구를 좀 샀다.

### 가장 家长(家長) jiāzhǎng

**명사** 가장. 학부형.

大多数家长都希望孩子好好学习。
대다수의 학부형은 아이가 공부를 잘 하기를 바란다.

### 가전 家电(家電) jiādiàn

**명사** 가전.

今天我要去买家电。
오늘 나는 가전제품을 사러 가야 한다.

### 가정 家庭 jiātíng

**명사** 가정.

我有一个幸福的家庭。
나에게는 행복한 가정이 있다.

---

幸福 xìngfú 〔명사〕〔형용사〕 행복하다.

**jiǎ** 거짓 가

가발 **假发**(假髮) jiǎfà

名사 가발.

你今天戴假发了?
너 오늘 가발 쓴 거야?

가장 **假装**(假裝) jiǎzhuāng

동사 …체하다. 가장하다.

他假装不认识我。
그는 나를 모르는 척 했다.

戴 dài 〔동사〕 (머리 · 얼굴 · 가슴 · 팔 · 손 등에) 착용하다. 쓰다. 차다. 달다. 끼다. 두르다.

## jià 값 가

利用 lìyòng 〔명사〕 〔동사〕
이용(하다). 활용(하다).

### 가격 价格(價格) jiàgé

**[명사]** 가격. 값.

这件衣服的价格有点贵。
이 옷의 가격은 조금 비싸다.

### 가치 价值(價值) jiàzhí

**[명사]** 가치.

他还有利用价值。
그는 아직 이용가치가 있다.

## gē 노래 가

忘 wàng 〔동사〕 잊다.

### 가사 歌词(歌詞) gēcí

**[명사]** 가사.

我把歌词忘了。
나는 가사를 잊어버렸다.

### 가수 歌手 gēshǒu

**[명사]** 가수.

这个歌手唱歌很好听。
이 가수의 노래는 매우 듣기 좋다.

**jiā** 더할 가

### 가공 加工 jiāgōng

**동사** 가공하다.

这是个食品加工厂。
이곳은 식품 가공 공장이다.

### 가입 加入 jiārù

**동사** 가입하다.

我国什么时候加入联合国的?
우리나라는 언제 유엔에 가입했습니까?

### 가중 加重 jiāzhòng

**동사** (분량이나 정도 등을) 늘리다. 가중하다.

我的负担加重了。
나의 부담이 늘었다.

联合国 Liánhéguó 〔명사〕 〔정치〕 유엔(UN). 국제 연합. 연합국.
负担 fùdān 〔명사〕 부담. 책임.

# 各

**gè** 각각 **각**

### 각국 各国(各國) gèguó

〔명사〕 각국. 각 나라.

我想去世界各国旅游。
나는 세계 각국을 여행하고 싶다.

### 각자 各自 gèzì

〔명사〕 각자.

每个人都有各自的生活。
모든 사람은 각자의 생활이 있다.

### 각종 各种(各種) gèzhǒng

〔명사〕 각종.

我们这儿有各种水果。
여기에는 각종 과일이 있다.

### 각지 各地 gèdì

〔명사〕 각지. 여러 곳.

这是中国各地的新闻。
이것은 중국 각지의 뉴스이다.

---

**世界** shìjiè 〔명사〕 세계.
**旅游** lǚyóu 〔동사〕 여행하다.
**新闻** xīnwén 〔명사〕 뉴스.

**jiǎn** 간단할 **간**

간결 **简洁**(簡潔) jiǎnjié

**형용사** (언행, 문장 등) 깔끔하다.
간결하고 명료하다.

文章写得很简洁。
문장을 간결하게 썼다.

간단 **简单**(簡單) jiǎndān

**형용사** 간단하다. 단순하다.

这个问题很简单。
이 문제는 매우 간단하다.

간략 **简略**(簡略) jiǎnlüè

**형용사** (언어, 문장 등이) 간략하다.

你写得过于简略了。
너는 지나치게 간략하게 썼다.

---

**文章** wénzhāng 〔명사〕 문장.
**过于** guòyú 〔부사〕 지나치게. 너무.

**18**

# 减

**jiǎn** 덜 감

**감소 减少**(減少) jiǎnshǎo

〔동사〕 감소하다. 줄이다.

今年的交通事故减少了。

올해의 교통사고는 감소하였다.

**감속 减速**(減速) jiǎnsù

〔동사〕 감속하다. 속도를 줄이다.

请减速慢行。

속도를 줄여 서행하세요.

ㄱ

---

**交通** jiāotōng 〔명사〕 교통.
**事故** shìgù 〔명사〕 사고.
**慢行** mànxíng 〔동사〕 서행하다.

**gǎn** 느낄 **감**

### 감각 感觉(感覺) gǎnjué

**명사** 감각. 느낌. **동사** 느끼다. 생각하다.

我对你没有感觉。

난 너에게 느낌이 없어.

### 감격 感激 gǎnjī

**동사** 감격하다.

我很感激你帮助我。

나는 네가 나를 도와준 것에 매우 감격했다.

### 감동 感动(感動) gǎndòng

**동사** 감동하다.

今天的事情让我非常感动。

오늘의 일은 나를 감동시켰다.

### 감사 感谢(感謝) gǎnxiè

**동사** 감사하다.

很感谢大家对我的支持。

모두가 나를 지지해준 것에 대해 매우 감사하다.

### 감염 感染 gǎnrǎn

**동사** 감염되다. 전염되다.

他的伤口感染了。

그의 상처는 감염됐다.

# 감정 感情(感情) gǎnqíng

**명사** 감정.

我们俩的感情很深。

우리 둘의 감정은 매우 깊다.

---

**帮助** bāngzhù 〔동사〕 돕다. 원조하다.

**让** ràng 〔동사〕 …하게 하다. …하도록 시키다.

**支持** zhīchí 〔동사〕 지지하다.

**伤口** shāngkǒu 〔명사〕 상처.

**深** shēn 〔형용사〕 깊다.

**qiáng** 굳셀 강

### 강대 强大 qiángdà

〔형용사〕 강대하다.

苦难能让我们变得更强大?
너는 지금 어느 나라가 가장 강대한지 아니?

### 강도 强盗(强盜) qiángdào

〔명사〕 강도.

他是强盗，抢了我的东西。
그는 강도이고, 나의 물건을 빼앗았다.

### 강렬 强烈 qiángliè

〔형용사〕 강렬하다.

太阳光太强烈了。
햇볕이 너무 강렬하다.

### 강약 强弱 qiángruò

〔명사〕 (소리, 광선 등) 강약.

你要注意发音的强弱变化。
너는 발음의 강약 변화에 주의해야 한다.

苦难 kǔnàn 〔명사〕 고난.
抢 qiǎng 〔동사〕 빼앗다. 탈취하다.
　　약탈하다.
注意 zhùyì 〔동사〕 주의하다.
　　조심하다.
发音 fāyīn 〔명사〕 발음.
变化 biànhuà 〔명사〕 변화.
　　〔동사〕 변화하다. 달라지다.

### 강조 强调(强調) qiángdiào

〔동사〕 강조하다.

我再强调一下今天学过的内容。
오늘 배운 내용을 다시 한 번 강조합니다.

강간 **强奸**(强姦) qiángjiān

**명사** 강간. **동사** 강간하다.

他是强奸犯，强奸了一个女孩儿。
그는 강간범으로 한 여자를 강간했다.

**强奸犯** qiángjiānfàn **명사** 강간범.

**jiǎng** 논할 강

招聘 zhāopìn **동사** 초빙하다.
모집하다.

강사 **讲师**(講師) jiǎngshī

**명사** 강사.

我们学校正在招聘讲师。
우리 학교는 지금 강사를 초빙하고 있다.

강좌 **讲座**(講座) jiǎngzuò

**명사** 강좌.

今天我听了他的讲座。
오늘 나는 그의 강좌를 들었다.

**gǎi** 고칠 개

### 개량 改良 gǎiliáng

**동사** 개량하다. 개선하다.

这个机器是经过改良的。
이 기기는 개량을 거친 것이다.

### 개선 改善 gǎishàn

**동사** 개선하다. 개량하다.

我们的居住环境得到了改善。
우리의 주거 환경이 개선되었다.

### 개혁 改革 gǎigé

**명사** 개혁.

公司需要改革，否则不能生存下去。
회사는 개혁이 필요하다.
그렇지 않으면 생존할 수 없다.

---

机器 jīqì〔명사〕기계. **기기.**
经过 jīngguò〔동사〕경유하다. 통과하다. 지나다. 거치다.
居住 jūzhù〔동사〕거주하다.
环境 huánjìng〔명사〕**환경.**
得到 dédào〔동사〕되다. 얻다.
需要 xūyào〔동사〕…해야 한다. 요구되다. 필요로 하다.
否则 fǒuzé〔접속사〕그렇지 않으면.
生存 shēngcún〔명사〕〔동사〕생존(하다).

**kāi** 열 개

### 개막 开幕(開幕) kāimù

동사 개막하다. 막을 열다.

展览会明天开幕。
전람회가 내일 개막한다.

### 개발 开发(開發) kāifā

동사 개발하다.

他开发了一款新产品。
그는 신제품을 하나 개발했다.

### 개업 开业(開業) kāiyè

동사 개업하다.

这家咖啡店今天开业了。
이 커피숍은 오늘 개업했다.

### 개척 开拓(開拓) kāituò

동사 개척하다.

这对我们公司开拓市场有帮助。
이것은 우리 회사가 시장을 개척하는 데 도움이 된다.

### 개통 开通(開通) kāitōng

동사 개통하다.

您的电话已经开通了。
당신의 전화는 이미 개통되었습니다.

展览会 zhǎnlǎnhuì
〔명사〕 전람회. 전시회.
市场 shìchǎng 〔명사〕 시장.
朵 duǒ 〔양사〕 송이.
就要...了 jiùyào...le '곧~할 것
이다'. 어떤 동작이나 상황이 곧
발생할 것임을 나타낸다.

개화 **开花**(開花) kāihuā

동사 꽃이 피다.

**这朵花马上就要开花了。**
이 꽃은 곧 필 것이다.

**jiè** 끼일 개

개의 **介意** jièyì

동사 마음속에 두다. 신경 쓰다. 개의하다.

**请你不要介意我说的话。**
제가 한 말에 개의치 마세요.

개입 **介入** jièrù

동사 개입하다. 끼어들다.

**你们之间的矛盾，我不想介入。**
너희 사이의 갈등에 나는 끼어들고 싶지 않다.

**矛盾** máodùn 〔명사〕 갈등. 대립.
모순.

26

**个**

gè 낱 개

개성 **个性**(個性) gèxìng

〔명사〕 개성.

她的个性很强。
그녀는 개성이 매우 강하다.

개인 **个人**(個人) gèrén

〔명사〕 개인.

个人的力量很小。
개인의 역량은 매우 작다.

**力量** lìliang 〔명사〕 힘. 역량.

**居**

jū 살 거

거주 **居住** jūzhù

〔동사〕 거주하다.

那里的居住环境怎么样?
그곳의 거주 환경은 어떤가요?

**环境** huánjìng 〔명사〕 환경.

## 巨 jù 클 거

### 거대 巨大 jùdà

**형용사** (규모, 수량 등) 아주 크다(많다).

现在人们的生活有了巨大的变化。

현재 사람들의 생활에는 아주 큰 변화가 생겼다.

### 거액 巨额(巨額) jù'é

**형용사** 액수가 많은. 거액의.

这笔巨额财产来源不明。

이 거액의 재산의 출처는 분명하지 않다.

### 거인 巨人 jùrén

**명사** 거인.

在我的眼里，姚明就是个巨人。

내 눈에 야오밍은 거인이다.

---

笔 bǐ〔양사〕 뭉. 건.〔돈이나 그와 관련된 것에 쓰임〕

财产 cáichǎn〔명사〕 **재산**.

来源 láiyuán〔명사〕(사물의) 내원. 근원. 출처.

不明 bùmíng〔형용사〕 불명확하다. 분명하지 않다.

眼里 yǎnlǐ〔명사〕 눈 속. 안중.

姚明 Yáo Míng 야오밍〔중국의 남자 농구 선수〕.

# 举

**jǔ** 들 거

## 거동 举动(擧動) jǔdòng

**명사** 동작. 행위.

他的举动很奇怪。

그의 행동이 매우 이상하다.

## 거수 举手(擧手) jǔshǒu

**동사** 거수하다. 손을 들다.

回答问题之前请举手。

문제에 답하기 전에 손을 드세요.

## 거행 举行(擧行) jǔxíng

**명사** 거행. **동사** 거행하다.

我的朋友今天举行婚礼。

나의 친구가 오늘 결혼식을 한다.

---

奇怪 qíguài 〔형용사〕 이상하다.

回答 huídá 〔동사〕 대답하다.

婚礼 hūnlǐ 〔명사〕 결혼식. 혼례.

**jù** 떨어질 거

거리 **距离**(距離) jùlí

명사 거리. 간격.

从这里到学校只有五分钟的距离。
여기서 학교까지는 5분 거리다.

**jù** 막을 거

거절 **拒绝**(拒絕) jùjué

명사 거절. 동사 거절하다.

他拒绝了我的要求。
그는 나의 요구를 거절했다.

**要求** yāoqiú 〔명사〕 요구. 〔동사〕 요구하다.

**jiàn** 굳셀 건

### 건강 健康 jiànkāng

**명사** 건강. **형용사** 건강하다.

祝您身体健康。
당신이 건강하기를 바랍니다.

### 건망 健忘 jiànwàng

**형용사** 잘 (쉽게) 잊어버리다.

我最近有点健忘。
나는 최근 조금 잘 잊어버린다.

**gān** 마를 건

### 건배 干杯(乾杯) gānbēi

**동사** 건배하다. 잔을 비우다.

为我们的友谊，干杯!
우리의 우정을 위해, 건배!

### 건조 干燥(乾燥) gānzào

**형용사** 건조하다.

冬天的天气比较干燥。
겨울의 날씨는 비교적 건조하다.

友谊 yǒuyì〔부사〕우의. 우정.
比较 bǐjiào〔부사〕비교적.

**jiàn** 세울 건

### 건국 建国(建國) jiànguó

동사 건국하다. 나라를 세우다.

今天是建国五十周年的纪念日。
오늘은 건국 50주년 기념일이다.

### 건립 建立 jiànlì

동사 창설하다. 건립하다. 수립하다.

这所学校是什么时候建立的?
이 학교는 언제 세워졌습니까?

### 건설 建设(建設) jiànshè

동사 창립하다. 건설하다. 세우다.

我们要搞好经济建设。
우리는 경제 건설을 잘 해야 한다.

### 건축 建筑(建築) jiànzhù

명사 건축물.
동사 세우다. 건축하다. 건설하다.

这是世界上最高的建筑。
이것은 세계에서 가장 높은 건축물이다.

---

纪念日 jìniànrì 〔명사〕 **가념일**.
搞好 gǎohǎo 〔동사〕 (일을) 잘 해내다.
经济 jīngjì 〔명사〕 **경제**.
世界 shìjiè 〔명사〕 세계. 세상.

# 坚

**jiān** 굳을 견

**不管...都** bùguǎn...dōu ~하든 지간에 모두 ~하다.(어떤 조건 하에서도 똑같은 결과가 발생함 을 나타낸다)

견고 坚固(堅固) jiāngù

〔형용사〕 견고하다. 튼튼하다.

这座桥很坚固。
이 다리는 매우 견고하다.

견지 坚持(堅持) jiānchí

〔동사〕 견지하다. 어떠한 상태나 행위를 계속 지속하게 하다.

不管多苦，我都要坚持。
얼마나 힘들던 간에 나는 계속해야 한다.

# 决

**jué** 결정할 결

결심 决心(決心) juéxīn

〔명사〕 결심. 결의. 다짐.
〔동사〕 결심하다. 결의하다. 다짐하다.

他决心从明天开始好好学习。
그는 내일부터 공부를 시작하기로 결심했다.

결정 决定(決定) juédìng

〔명사〕 결정. 〔동사〕 결정(결심)하다.

我决定下个月去中国。
나는 다음달에 중국에 가기로 결정했다.

# 结

jié 묶을 결

### 결과 结果(結果) jiéguǒ

명사 결과.

今天出考试结果。
오늘 시험 결과가 나온다.

### 결론 结论(結論) jiélùn

명사 결론.

你有什么结论?
너는 무슨 결론을 내렸니?

### 결합 结合(結合) jiéhé

동사 결합하다.

理论要结合实际。
이론은 실제와 결합해야 한다.

### 결혼 结婚(結婚) jiéhūn

동사 결혼하다.

我们结婚十年了。
우리는 결혼한 지 10년이 됐다.

理论 lǐlùn 〔명사〕 이론.
实际 shíjì 〔명사〕 실제.

**qué** 이지러질 **결**

**결점 缺点**(缺點) quēdiǎn

【명사】 결점. 단점.

每个人都有缺点。

모든 사람은 단점이 있다.

**결핍 缺乏** quēfá

【동사】 결핍되다. 결여되다.

他缺乏耐心。

그는 인내심이 부족하다.

耐心 nàixīn 〔명사〕 인내심.

**qiān** 겸손할 **겸**

**겸허 谦虚**(謙虛) qiānxū

【동사】 겸손하다. 겸허하다.

在任何人面前都要谦虚。

어떤 사람 앞에서든 겸손해야 한다.

任何 〔대명사〕 어떠한. 무슨. 〔주로 '都(dōu)'와 호응하여 쓰임.〕

**jiān** 겸할 겸

겸직 **兼职**(兼職) jiānzhí

명사 겸직. 동사 겸직하다.

我想做兼职。

나는 겸직을 하고 싶다.

**qīng** 가벼울 경

경솔 **轻率**(輕率) qīngshuài

형용사 경솔하다. 신중하지 못하다.

你的行为太轻率了。

너의 행동은 너무 경솔했다.

경시 **轻视**(輕視) qīngshì

동사 경시하다. 무시하다. 가볍게 보다.

我不想被别人轻视。

나는 다른 사람에게 무시당하고 싶지 않다.

行为 xíngwéi [명사] 행위. 행동.

**jǐng** 경계할 **경**

경고 警告(警告) jǐnggào

명사 경고. 동사 경고하다.

我警告过你们不要乱动。

나는 너희들에게 함부로 행동하지 말라고 경고했다.

경찰 警察(警察) jǐngchá

명사 경찰.

他的朋友是一名警察。

그의 친구는 경찰이다.

乱动 luàndòng 〔형용사〕 난동을
부리다. 함부로 행동하다.

**jìng** 경쟁할 **경**

경쟁 竞争(競爭) jìngzhēng

동사 경쟁하다.

现在公司里竞争得很厉害。

지금 회사 내의 경쟁이 매우 심하다.

厉害 lìhai 〔형용사〕 대단하다. 굉장하다. 심하다.

**jìng** 공경 경

경례 敬礼(敬禮) jìnglǐ

（동사） 경례하다.

我们要向英雄们敬礼。

우리는 영웅들에게 경례해야 합니다.

英雄 yīngxióng 〔명사〕 영웅.

**qīng** 기울 경

경사 倾斜(傾斜) qīngxié

（동사） 기울다. 경사지다.

这墙有点倾斜。

이 담은 약간 기울어져 있다.

경청 倾听(傾聽) qīngtīng

（동사） 경청하다. 귀를 기울여 듣다.

她很喜欢倾听别人的故事。

그는 다른 사람의 이야기를 경청하기를 좋아한다.

경향 倾向(傾向) qīngxiàng

（명사） 경향. 추세. 성향.
（동사） (한쪽으로) 기울다. 쏠리다. 치우치다.

他有暴力倾向。

그는 폭력적인 경향이 있다.

墙 qiáng 〔명사〕 벽. 담. 울타리.
暴力 bàolì 〔명사〕 폭력.

经

jīng 지날 경

### 경과 经过 (經過) jīngguò

**동사** 경과하다. 거치다. 지나다.

这辆车不经过那儿。

이 차는 그곳을 지나가지 않는다.

### 경제 经济 (經濟) jīngjì

**명사** 경제.

我现在的经济状况不太好。

현재 나의 경제 상황이 별로 좋지 않다.

### 경험 经验 (經驗) jīngyàn

**명사** 경험. 체험.

我有三年的教学经验。

나는 삼 년 동안의 교학 경험을 가지고 있다.

ㄱ

---

**状况** zhuàngkuàng 〔명사〕 **상황**. 형편. 상태.

**教学** jiàoxué 〔명사〕 수업. 가르치는 것과 배우는 것. **교학**.

**jǐng** 풍경 경

경관 景观(景觀) jǐngguān

명사 경관. 경치.

这里的景观很特别。
이곳의 경관은 매우 특별하다.

경기 景气(景氣) jǐngqì

명사 경기.
형용사 (경제 상황이) 활발하다. 경기가 좋다.

现在经济不景气。
지금은 경기가 좋지 않다.

**jì** 계절 계

계절 季节(季節) jìjié

명사 계절.

韩国有四个季节：春、夏、秋、冬。
한국에는 4계절이 있다. 봄, 여름, 가을, 겨울.

# 继

**jì** 이을 계

只要 zhǐyào 〔접속사〕 …하기만
하면.
遗产 yíchǎn 〔명사〕 유산.

### 계속 继续(繼續) jìxù

**명사** 계속. **동사** 계속하다.

只要你继续努力，就一定能成功。
네가 계속 노력하기만 하면, 반드시 성공할 수 있어.

### 계승 继承(繼承) jìchéng

**동사** 이어받다. 계승하다.

他继承了一大笔遗产。
그는 많은 유산을 물려받았다.

# 计

**jì** 셀 계

花 huā 〔동사〕 쓰다. 소비하다.
暑假 shǔjià 〔명사〕 여름 방학.
여름 휴가.

### 계산 计算(計算) jìsuàn

**동사** 계산하다.

我来计算一下今天花了多少钱。
제가 오늘 얼마를 썼는지 계산해 볼게요.

### 계획 计划(計劃) jìhuà

**명사** 계획. **동사** 계획하다.

这个暑假你有什么计划?
이번 여름방학에 어떤 계획이 있니?

**gù** 굳을 고

### 고정 固定 gùdìng

〔형용사〕 고정되다. 불변하다. 〔동사〕 고정하다.

我每个月的零花钱都是固定的。
나는 매달 용돈이 고정되어 있다.

### 고집 固执（固執）gùzhí

〔형용사〕 완고하다. 고집스럽다.

他太固执了，谁的话都不听。
그는 너무 고집이 세서 누구의 말도 듣지 않는다.

### 고체 固体（固體）gùtǐ

〔명사〕 고체.

物体存在的形态有固体，液体，气体。
물체가 존재하는 형태에는 고체, 액체, 기체가 있다.

零花钱 línghuāqián 〔명사〕 용돈.
物体 wùtǐ 〔명사〕 물체.
形态 xíngtài 〔명사〕 형태.
液体 yètǐ 〔명사〕 액체.
气体 qìtǐ 〔명사〕 기체. 가스.

**gù** 연고 고

### 고사 故事 gùshi

〔명사〕 이야기.

奶奶经常给我讲故事。
할머니는 자주 나에게 옛날이야기를 해주신다.

### 고의 故意 gùyì

〔명사〕 고의. 〔부사〕 고의로. 일부러.

对不起，我不是故意的。
미안해요. 일부러 그런 건 아니에요.

**gǔ** 옛 고

### 고대 古代 gǔdài

〔명사〕 고대.

在古代，男人有两个妻子很正常。
고대에는 남자에게 두 명의 아내가 있는 것은
정상이었다.

### 고로 古老 gǔlǎo

〔형용사〕 오래되다.

紫禁城是一座古老的建筑。
자금성은 오래된 건축물이다.

妻子 qīzi 〔명사〕 아내.
正常 zhèngcháng 〔형용사〕
　정상(적)이다.
紫禁城 Zǐjìnchéng 〔명사〕 자금성.
建筑 jiànzhù 〔명사〕 건축물.

ㄱ

**gāo** 높을 고

### 고가 高价(高價) gāojià

**명사** 고가. 비싼 값.

他花高价买了这些东西。
그는 이 물건들을 고가에 샀다.

### 고급 高级(高級) gāojí

**명사** 고급.

我没住过这么高级的酒店。
나는 이렇게 고급 호텔에 머문 적이 없다.

### 고도 高度 gāodù

**명사** 고도. 높이.

先量一下这张桌子的高度。
먼저 이 탁자의 높이를 재봅시다.

### 고상 高尚(高尚) gāoshàng

**형용사** 고상하다.

他人品高尚.
그는 인품이 고상하다.

### 고속 高速(高速) gāosù

**명사** 고속.

高速公路上发生了交通事故。
고속도로에서 교통사고가 발생하였다.

## 고수 高手 gāoshǒu

**명사** 고수. 달인.

我的朋友是电脑高手。
나의 친구는 컴퓨터 고수이다.

## 고온 高温(高溫) gāowēn

**명사** 고온.

我受不了夏天的高温。
나는 여름의 고온을 견딜 수가 없다.

## 고원 高原 gāoyuán

**명사** 고원.

我想去青藏高原旅游。
나는 칭짱 고원으로 여행가고 싶다.

---

量 liáng〔동사〕재다. 달다.
人品 rénpǐn〔명사〕**인품. 인격.**
发生 fāshēng〔동사〕**발생하다.**
交通 jiāotōng〔명사〕**교통.**
事故 shìgù〔명사〕**사고.**
受不了 shòubuliǎo〔동사〕견딜 수 없다. 참을 수 없다.
青藏高原 Qīngzànggāoyuán 칭짱(青藏) 고원.

## kǎo 생각할 고

### 고고 考古 kǎogǔ

〔명사〕 고고학.

他对考古感兴趣。
그는 고고학에 관심이 있다.

### 고려 考虑(考慮) kǎolǜ

〔동사〕 고려하다. 생각하다.

关于这个问题，我再考虑一下。
이 문제에 관해서 나는 다시 한 번 고려해 볼게.

### 고시 考试(考試) kǎoshì

〔명사〕 고사. 시험. 〔동사〕 시험을 치다.

明天有考试，你复习好了吗?
내일 시험이 있는데, 너 복습 다 했니?

### 고증 考证(考證) kǎozhèng

〔명사〕 고증. 〔동사〕 고증하다.

我们无法考证这件文物的确切年代。
우리는 이 문물의 정확한 연대를 고증할 방법이 없다.

### 고찰 考察 kǎochá

〔동사〕 고찰하다. 정밀히 관찰하다.

明天领导要来考察。
내일 지도자가 고찰하러 올 것이다.

---

兴趣 xìngqù 〔명사〕 흥미. 흥취.
关于 guānyú 〔개사〕 …에 관해서
复习 fùxí 〔명사〕 〔동사〕 복습하다.
无法 wúfǎ 〔동사〕 (…할) 방법이
　〔도리가〕 없다. …할 수 없다.
文物 wénwù 〔명사〕 문물. 문화재.
确切 quèqiè 〔형용사〕 확실하며
　적절하다.
年代 niándài 〔명사〕 연대. 시기.
　시대.
领导 lǐngdǎo 〔명사〕 지도자.
　영도자.

**gū** 외로울 고

### 고독 孤独(孤獨) gūdú

**형용사** 고독하다. 외롭다. 쓸쓸하다.

他现在很孤独。
그는 지금 매우 외롭다.

### 고립 孤立 gūlì

**동사** 고립하다. 고립시키다.
**형용사** 고립되어 있다. 따로 떨어지다.

不要孤立他。
그를 고립시키지 마라.

### 고아 孤儿(孤兒) gū'ér

**명사** 고아.

我从小就是一个孤儿。
나는 어렸을 때부터 고아였다.

ㄱ

---

**从小就** cóngxiǎojiù 〔부사〕 어린 시절부터. 어릴 때부터.

gù 돌아볼 고

고객 顾客(顧客) gùkè

**명사** 고객.

顾客就是上帝。
손님은 왕이다.

고문 顾问(顧問) gùwèn

**명사** 고문.

他是我们公司的法律顾问。
그는 우리 회사의 법률 고문이다.

法律 fǎlù 〔명사〕 법률.

gù 고용할 고

고용 雇佣 gùyōng

**명사** 고용. **동사** 고용하다.

我们要签一个雇佣合同。
우리는 고용계약서에 서명해야 한다.

签 qiān 〔동사〕 서명하다. 사인하다.
合同 hétong 〔명사〕 계약서.

## kǔ 쓸 고

고난 苦难(苦難) kǔnàn

명사 고난. 형용사 힘겹고 비참하다.

那些苦难的日子已经过去了。
그 고생스런 날들은 이미 지나갔다.

고뇌 苦恼(苦惱) kǔnǎo

형용사 몹시 괴롭다. 동사 고뇌하다. 고민하다.

你有什么苦恼吗?
너는 어떤 고민이 있니?

日子 rìzi 〔명사〕 날짜. 시일. 시간.

## kùn 곤할 곤

곤경 困境 kùnjìng

명사 곤경. 궁지.

我们要快点走出困境。
우리는 빨리 곤경에서 벗어나야 한다.

곤란 困难(困難) kùnnan

명사 곤란. 어려움.

他在工作上遇到了一些困难。
그는 업무 중 어려움에 부딪혔다.

# 空

kōng 빌 공
kòng

### 공간 空间(空間) kōngjiān

명사 공간.

父母应该给孩子一些个人空间。
부모는 아이에게 개인적인 공간을 줘야 한다.

### 공기 空气(空氣) kōngqì

명사 공기.

这里的空气很新鲜。
이곳의 공기는 매우 신선하다.

### 공백 空白 kòngbái

명사 공백. 여백.

他的试卷上留下了很多空白。
그는 시험지에 공백을 많이 남겼다.

### 공상 空想 kōngxiǎng

명사 공상.  동사 공상하다.

空想不能解决问题。
공상으로는 문제를 해결할 수 없다.

### 공전 空前(空前) kōngqián

형용사 공전의. 전례 없는.

这次运动会的规模是空前的。
이번 운동회의 규모는 전에 없던 규모이다.

**공중 空中** kōngzhōng

〔명사〕 공중. 하늘.

空中有几朵白云。
하늘에 하얀 구름이 몇 점 있다.

**공허 空虚**(空虛) kōngxū

〔형용사〕 공허하다. 텅 비다. 허전하다.

他现在的生活很空虚。
그의 현재 생활은 매우 공허하다.

个人 gèrén 〔명사〕 개인.

新鲜 xīnxiān 〔형용사〕 신선하다.
싱싱하다.

试卷 shìjuàn 〔명사〕 시험지.

留下 liúxià 〔동사〕 남기다.
남겨 두다. 남다.

解决 jiějué 〔동사〕 해결하다.

规模 guīmó 〔명사〕 규모.

白云 báiyún 〔명사〕 흰구름.

**功**

**gōng** 공 공

**공로 功劳**(功勞) gōngláo

〔명사〕 공로.

这些都是你的功劳。
이것은 모두 너의 공로이다.

**공신 功臣** gōngchén

〔명사〕 공신.

他是我们公司的大功臣。
그는 우리 회사의 큰 공신이다.

**gōng** 공평할 공

### 공공 公共 gōnggòng

형용사 공공의. 공중의.

在公共场所不要大声说话。
공공장소에서는 큰 소리로 말하지 마세요.

### 공무원 公务员(公務員) gōngwùyuán

명사 공무원.

我打算明年参加公务员考试。
나는 내년에 공무원 시험을 칠 계획이다.

### 공사 公私 gōngsī

명사 공과 사.

大家工作的时候一定要公私分明。
모두들 일할 때 공과 사를 분명히 해야 한다.

### 공원 公园(公園) gōngyuán

명사 공원.

我家附近有一个很大的公园。
우리 집 주변에는 큰 공원이 있다.

### 공정 公正 gōngzhèng

형용사 공정(공평)하다.

你应该公正地处理这件事。
너는 공정하게 이 일을 처리해야 한다.

## 공주 公主 gōngzhǔ

**명사** 공주.

她的女儿长得像公主。
그녀의 딸은 공주처럼 생겼다.

## 공증 公证(公證) gōngzhèng

**동사** 공증하다.

请把这份文件公证一下。
이 문건을 공증해 주세요.

## 공평 公平(公平) gōngpíng

**형용사** 공평하다. 공정하다.

这个办法公平合理。
이 방법은 공평하고 합리적이다.

---

大声 dàshēng 〔명사〕 큰소리.
附近 fùjìn 〔형용사〕 가까운. 인접한. **부근.**
处理 chǔlǐ 〔동사〕 **처리하다.** (사물을) 안배하다. (문제를) 해결하다.
合理 hélǐ 〔형용사〕 도리에 맞다. **합리적이다.**

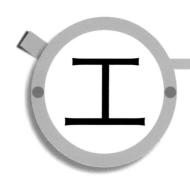

**gōng** 장인 **공**

### 공구 工具 gōngjù

명사 공구. 작업 도구.

请你把工具放好。
공구를 잘 놓으세요.

### 공업 工业(工業) gōngyè

명사 공업.

这个国家以工业为主。
이 나라는 공업을 위주로 한다.

### 공예 工艺(工藝) gōngyì

명사 공예. 수공예.

这些工艺品很漂亮。
이 공예품들은 매우 예쁘다.

**kǒng** 두려울 공

공룡 **恐龙**(恐龍) kǒnglóng

(명사) 공룡.

恐龙早就灭绝了。
공룡은 오래전에 멸종되었다.

공포 **恐怖** kǒngbù

(명사) 공포. 테러.
(형용사) 공포를 느끼다. 무섭다. 두렵다.

他很喜欢看恐怖电影。
그는 공포영화를 매우 좋아한다.

灭绝 mièjué〔동사〕**멸절**하다.
완전히 제거하다.

**kǒng** 구멍 공

공자 **孔子** Kǒngzǐ

(명사) 공자.

孔子是著名的教育家。
공자는 유명한 교육가이다.

공작 **孔雀** kǒngquè

(명사) 공작(새).

孔雀是一种很漂亮的鸟。
공작은 매우 예쁜 새이다.

著名 zhùmíng〔형용사〕**저명**하다.
유명하다.
鸟 niǎo〔명사〕〔동물〕새.

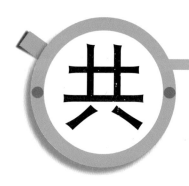

## gòng 한가지 공

### 공동 共同 gòngtóng

**형용사** 공동의. 공통의.

我们有共同的目标。
우리는 공동의 목표를 가지고 있다.

### 공범 共犯 gòngfàn

**명사** 공범자.
**동사** 공범하다. 함께 범죄를 저지르다.

这个案件一共有五名共犯。
이 사건은 모두 5명의 공범자가 있다.

### 공산당 共产党(共産黨) gòngchǎndǎng

**명사** 공산당.

你是什么时候加入共产党的?
당신은 언제 공산당에 가입했습니까?

### 공존 共存 gòngcún

**동사** 공존하다.

我认为美和丑是可以共存的。
나는 미와 추가 공존할 수 있는 것이라고 생각한다.

---

目标 mùbiāo 〔명사〕 목표.
案件 ànjiàn 〔명사〕 (법률상의) 사건. 사안. 안건.
认为 rènwéi 〔동사〕 여기다. 생각하다.
加入 jiārù 〔동사〕 가입하다. 참가하다.　　　丑 chǒu 〔형용사〕 추하다. 못생기다.

# 果

**guǒ** 열매 과

名不虚传 míngbùxūchuán
〔성어〕 명성이나 명예가 헛되이 퍼
진 것이 아니다. 명실 상부하다.

葡萄 pútáo 〔명사〕〔식물〕 포도.

### 과연 果然 guǒrán

**[부사]** 과연.

她果然是名不虚传的美女。
그녀는 과연 듣던 대로 미인이다.

### 과즙 果汁 guǒzhī

**[명사]** 과일즙. 과일 주스.

我最喜欢喝葡萄果汁。
나는 포도 주스를 제일 좋아한다.

# 过

**guò** 지날 과

重视 zhòngshì 〔동사〕 중시하다.
중요시하다.

### 과민 过敏(過敏) guòmǐn

**[동사]** 이상 반응을 나타내다. **[형용사]** 과민하다.

我对鸡蛋过敏。
나는 달걀 알레르기가 있다.

### 과정 过程(過程) guòchéng

**[명사]** 과정.

他只重视结果，不重视过程。
그는 결과만 중시하고, 과정을 중시하지 않는다.

**kē** 과목 과

### 과기 科技 kējì

명사 과학 기술.

现在科学技术发展得越来越快了。
현재 과학 기술의 발전은 갈수록 빨라지고 있다.

### 과목 科目 kēmù

명사 과목. 항목.

你最喜欢哪个科目？
너는 어떤 과목을 가장 좋아하니?

### 과학 科学(科學) kēxué

명사 과학.  형용사 과학적이다.

我们要重视科学。
우리는 과학을 중시해야 한다.

**guǎn** 주관할 관

### 관리 管理 guǎnlǐ

동사 관리하다. 관할하다.

他把公司管理得很好。
그는 회사를 잘 관리한다.

**guān** 볼 관

### 관광 观光(觀光) guānguāng

**동사** 관광하다.

欢迎大家来到这里旅游观光。
이곳으로 관광 온 것을 환영합니다.

### 관념 观念(觀念) guānniàn

**명사** 관념. 생각.

我和妈妈的观念差异很大。
나와 엄마의 사고방식에는 큰 차이가 있다.

### 관점 观点(觀點) guāndiǎn

**명사** 관점. 견해.

我不同意你的观点。
나는 너의 관점에 동의하지 않는다.

### 관중 观众(觀衆) guānzhòng

**명사** 관중. 구경꾼. 시청자.

这个表演吸引了很多观众。
이 공연은 많은 관중을 이끌었다.

### 관찰 观察(觀察) guānchá

**동사** 관찰하다. 살피다.

他很喜欢观察昆虫。
그는 곤충을 관찰하는 것을 매우 좋아한다.

差异 chāyì 〔명사〕 차이. 다른 점.
吸引 xīyǐn 〔동사〕 흡인하다. 빨아
당기다(빨아들이다). 잡아끌다.
昆虫 kūnchóng 〔명사〕 곤충.

**guān** 관계할 관

### 관건 关键(關鍵) guānjiàn

**명사** 관건. 열쇠. 키 포인트.
**형용사** 매우 중요한. 결정적인 작용을 하는.

这是问题的关键。
이것이 문제의 관건이다.

### 관계 关系(關係) guānxi

**명사** 관계. 연줄.

你们现在是什么关系?
너희들은 지금 무슨 관계니?

### 관심 关心(關心) guānxīn

**동사** 관심을 갖다. 관심을 기울이다.

妈妈很关心我的生活。
엄마는 나의 생활에 매우 관심 있다.

**guāng** 빛 광

### 광명 光明 guāngmíng

**명사** 광명. 빛.

太阳给我们带来光明。
태양은 우리에게 빛을 준다.

**guǎng** 넓을 광

광고 广告(廣告) guǎnggào

**명사** 광고. 선전.

我在电视上看见了你们的广告。
나는 TV에서 너희의 광고를 보았다.

광장 广场(廣場) guǎngchǎng

**명사** 광장.

天安门广场上有很多人。
천안문광장에 사람이 매우 많다.

**guài** 괴상할 괴

괴물 怪物 guàiwu

**명사** 괴물.

他长得像个怪物。
그는 괴물처럼 생겼다.

**jiāo** 사귈 교

### 교류 交流 jiāoliú

〔동사〕 교류하다. 서로 소통하다.

我们现在用汉语交流。
우리는 지금 중국어로 교류한다.

### 교역 交易 jiāoyì

〔명사〕 교역. 거래. 〔동사〕 교역하다. 거래하다.

这只是一笔简单的交易。
이것은 단지 간단한 교역일 뿐이다.

### 교통 交通 jiāotōng

〔명사〕 교통.

这里的交通很复杂。
이곳의 교통은 매우 복잡하다.

### 교환 交换(交換) jiāohuàn

〔동사〕 교환하다.

我们交换一下意见吧！
우리 의견을 교환해보자.

---

复杂 fùzá 〔형용사〕 (사물의 종류나 두서가) 복잡하다.
意见 yìjiàn 〔명사〕 견해. 의견.

# 校

**xiào** 학교 교

### 교가 校歌 xiàogē

명사 교가.

你学会唱校歌了吗?
너는 교가를 부를 줄 아니?

### 교문 校门(校門) xiàomén

명사 교문.

你在校门前等我。
너는 교문 앞에서 나를 기다려.

### 교복 校服 xiàofú

명사 교복.

你们的校服真好看。
너희 교복 정말 예쁘다.

### 교장 校长(校長) xiàozhǎng

명사 교장.

校长对我们很好。
교장선생님은 우리에게 잘 해주신다.

**jiào** 가르칠 교

### 교사 教师(敎師) jiàoshī

명사 교사.

我想当一名教师。
나는 교사가 되고 싶다.

### 교수 教授(敎授) jiàoshòu

명사 교수. 동사 교수하다.

这位是我们的教授。
이분은 우리 교수님이다.

### 교실 教室(敎室) jiàoshì

명사 교실.

我看见他在教室里学习。
나는 그가 교실에서 공부하는 것을 보았다.

### 교양 教养(敎養) jiàoyǎng

명사 교양.

她没有教养。
그는 교양이 없다.

### 교육 教育(敎育) jiàoyù

명사 교육. 동사 교육하다.

她从小就受到了很好的教育。
그녀는 어렸을 때부터 좋은 교육을 받았다.

### 교학 教学(敎學) jiàoxué

**명사** 수업. 교육.

她的教学方法很受欢迎。
그녀의 교육 방식은 매우 인기 있다.

### 교훈 教训(敎訓) jiàoxun

**명사** 교훈.

你一定要记住这次的教训。
너는 반드시 이번의 교훈을 기억해야 한다.

记住 jìzhu 〔동사〕 확실히 기억해두다. 똑똑히 암기해 두다.

**gòu** 살 구

### 구매 购买(購買) gòumǎi

**동사** 사다. 구매하다.

我在网上购买了很多衣服。
나는 인터넷에서 옷을 많이 구매했다.

**guó** 나라 국

### 국가 国家(國家) guójiā

명사 국가. 나라.

你想去哪个国家旅游?
너는 어떤 나라로 여행가고 싶니?

### 국기 国旗(國旗) guóqí

명사 국기.

这是我们国家的国旗。
이것은 우리나라의 국기이다.

### 국력 国力(國力) guólì

명사 국력.

怎么才能增强国力呢?
어떻게 해야 국력을 증강시킬 수 있습니까?

### 국립 国立(國立) guólì

명사 국립.

首尔大学全称是国立首尔大学。
서울대학교의 정식 명칭은 국립 서울대학교이다.

### 국방 国防(國防) guófáng

명사 국방.

我们一定要巩固国防。
우리는 국방을 공고히 해야 한다.

**국보 国宝**(國寶) guóbǎo

**명사** 국보. 나라의 보배.

中国的国宝是熊猫。
중국의 국보는 판다이다.

**국산 国产**(國産) guóchǎn

**형용사** 국산의. 본국이 생산한.

这是一辆国产车。
이것은 국산차이다.

**국어 国语**(國語) guóyǔ

**명사** 국어.

中国的国语就是普通话吗?
중국의 국어는 표준어입니까?

**국왕 国王**(國王) guówáng

**명사** 국왕.

在古代国王的权力很大。
고대에는 국왕의 권력이 대단했다.

**국외 国外**(國外) guówài

**명사** 국외. 외국.

我经常去国外旅游。
나는 자주 외국에 여행을 간다.

### 국적 国籍(國籍) guójí

**명사** 국적.

你的国籍是什么?
너의 국적은 어디니?

### 국제 国际(國際) guójì

**명사** 국제. **형용사** 국제의. 국제적인.

我每天都看国际新闻。
나는 매일 국제 뉴스를 본다.

### 국회 国会(國會) guóhuì

**명사** 국회. 의회.

他是一名国会议员。
그는 국회의원이다.

---

**增强** zēngqiáng〔동사〕증강하다. 강화하다.

**巩固** gǒnggù〔형용사〕견고하다. 공고하다. 튼튼하다.〔주로 추상적인 사물에 쓰임〕

**熊猫** xióngmāo〔동물〕판다.

**普通话** pǔtōnghuà〔명사〕표준어.

**权力** quánlì〔명사〕(정치적) 권력.

**议员** yìyuán〔명사〕의원.

# 军
**jūn** 군사 군

### 군대 军队(軍隊) jūnduì
**명사** 군대.

这是一支强大的军队。
이것은 강대한 군대이다.

### 군사 军事(軍事) jūnshì
**명사** 군사.

这个国家的军事很强大。
이 나라의 군사는 매우 강대하다.

### 군인 军人(軍人) jūnrén
**명사** 군인.

我哥哥是一名军人。
우리 오빠는 군인이다.

# 群
**qún** 무리 군

### 군중 群众(群衆) qúnzhòng
**명사** 군중. 대중. 민중.

群众的力量是强大的。
군중의 힘은 강대하다.

强大 qiángdà 〔형용사〕 강대하다.

**gōng** 집 궁

궁녀 宮女(宮女) gōngnǔ

[명사] 궁녀.

古代皇宫中有很多宫女。
고대 황궁에는 매우 많은 궁녀가 있다.

궁전 宮殿(宮殿) gōngdiàn

[명사] 궁전.

这座宫殿是国王居住的地方。
이 궁전은 국왕이 거처하는 곳이다.

皇宫 huánggōng 〔명사〕 황궁.

**quàn** 권할 권

권고 劝告(勸告) quàngào

[명사] 권고. 충고.  [동사] 권고하다. 충고하다.

他从来不听别人的劝告。
그는 다른 사람의 충고를 들어본 적이 없다.

从来 cónglái 〔부사〕 (과거부터) 지금까지. 여태껏. 이제까지.

**权**

**quán** 권세 권

### 권력 权力(權力) quánlì

**명사** 권력. 권한.

他觉得权力最重要。
그는 권력이 가장 중요하다고 생각한다.

### 권리 权利(權利) quánlì

**명사** 권리.

每个人都拥有受教育的权利。
모든 사람은 교육을 받을 권리가 있다.

### 권세 权势(權勢) quánshì

**명사** 권세.

他太重视权势了。
그는 권세를 너무 중시한다.

### 권위 权威(權威) quánwēi

**명사** 권위.

他在医学界很有权威。
그는 의학계에서 매우 권위가 있다.

医学界 yīxuéjiè 의학계.

**guì** 귀할 귀

### 귀비 贵妃(貴妃) guìfēi

（명사） 귀비.

你知道杨贵妃吗?
너는 양귀비를 아니?

### 귀빈 贵宾(貴賓) guìbīn

（명사） 귀빈. 귀중한 손님.

总经理正在接待贵宾。
사장님이 지금 귀빈을 접대하고 있다.

### 귀인 贵人(貴人) guìrén

（명사） 귀인. 신분이 고귀한 사람.

他是我的贵人。
그는 나의 귀인이다.

---

总经理 zǒngjīnglǐ 〔명사〕 사장님. 총지배인.
接待 jiēdài 〔동사〕 접대하다. 응접하다.

**规** guī 법 규

규모 **规模**(規模) guīmó

[명사] 규모.

这次活动的规模很大。
이번 활동의 규모는 매우 크다.

규정 **规定**(規定) guīdìng

[동사] 규정하다. 정하다. [명사] 규정. 규칙.

请遵守公司规定。
회사의 규정을 준수해 주십시오.

遵守 zūnshǒu 〔동사〕 (규정 등
을) 준수하다. 지키다.

**极** jí 다할 극

극단 **极端**(極端) jíduān

[명사] 극단. [형용사] 극단적인.

他的性格很极端。
그의 성격은 매우 극단적이다.

性格 xìnggé 〔명사〕 성격.

gēn 뿌리 근

### 근원 根源 gēnyuán

**명사** 근원. 근본 원인. **동사** …에서 비롯되다.

我们要查清楚这次事故的根源。
우리는 이번 사고의 근원을 정확히 조사해야 한다.

### 근거 根据(根據) gēnjù

**명사** 근거. **동사** 근거하다. 의거하다. 따르다.

没有根据，不要乱说。
근거가 없으니 함부로 말하지 마라.

乱说 luànshuō 〔동사〕 함부로 지껄이다. 무책임한 말을 하다.

jìn 금할 금

### 금지 禁止 jìnzhǐ

**동사** 금지하다.

博物馆里禁止拍照。
박물관에서는 사진 촬영을 금지한다.

博物馆 bówùguǎn 〔명사〕 박물관.
拍照 pāizhào 〔동사〕 사진을 찍다.

## 金

**jīn** 쇠 금

部门 bùmén 〔명사〕 부(部). 부문. 부서.
认为 rènwéi 〔동사〕 여기다. 생각하다. 보다. 인정하다.

### 금융 金融 jīnróng

**명사** 금융.

我在金融部门工作。
나는 금융 부서에서 일한다.

### 금전 金钱(金錢) jīnqián

**명사** 금전. 금화. 화폐. 돈.

她认为金钱比爱情重要。
그녀는 금전이 사랑보다 중요하다고 여긴다.

## 急

**jí** 급할 급

冲走 chōngzǒu 〔동사〕 (물의 힘으로) 떠밀려〔흘러〕가다. 떠내려가다.
胃炎 wèiyán 〔명사〕 위염.

### 급류 急流 jíliú

**명사** 급류. 세찬 물살.

他被急流冲走了。
그는 급류에 떠밀려 갔다.

### 급성 急性 jíxìng

**형용사** 성미가 조급한. 급성의.

他得了急性胃炎。
그는 급성위염에 걸렸다.

jì 기록할 기

### 기록 记录(記錄) jìlù

명사 기록. 동사 기록하다.

我把会议内容都记录下来了。
나는 회의 내용을 모두 기록했다.

### 기억 记忆(記憶) jìyì

명사 기억. 동사 기억하다.

我的记忆力很不好。
나의 기억력은 매우 나쁘다.

### 기자 记者(記者) jìzhě

명사 기자.

他是一名记者。
그는 기자이다.

会议 huìyì 〔명사〕회의.
内容 nèiróng 〔명사〕내용.

qí 말탈 기

### 기마 骑马(騎馬) qímǎ

동사 말을 타다.

我希望能在草原上骑马。
나는 초원에서 말을 탈 수 있기를 바란다.

草原 cǎoyuán 〔명사〕초원.

# 期

**qī** 기약할 기

饮食 yǐnshí 〔명사〕 음식.
重要 zhòngyào 〔형용사〕 중요하다.
礼物 lǐwù 〔명사〕 예물. 선물.

### 기간 期间(期間) qījiān

**명사** 기간. 시간.

考试期间饮食很重要。
시험 기간에는 음식이 중요하다.

### 기대 期待 qīdài

**동사** 기대하다.

我很期待他的礼物。
나는 그의 선물을 매우 기대하고 있다.

# 奇

**qí** 기특할 기

现象 xiànxiàng 〔명사〕 현상.
解释 jiěshì 〔동사〕 해석하다.
　　　해명하다. 설명하다.
相信 xiāngxìn 〔동사〕 믿다.
　　　신임하다. 신뢰하다.

### 기괴 奇怪 qíguài

**형용사** 이상하다.

这种奇怪的现象很难解释。
이런 이상한 현상은 설명하기 어렵다.

### 기적 奇迹 qíjì

**명사** 기적.

我相信奇迹。
나는 기적을 믿는다.

**qǐ** 일어날 기

기상 **起床** qǐchuáng

동사 일어나다.

你每天几点起床?
너는 매일 몇 시에 일어나니?

기원 **起源** qǐyuán

명사 기원. 동사 기원하다.

这个风俗起源于美国。
이 풍속은 미국에서 기원했다.

风俗 fēngsú [명사] 품속.

**jì** 재주 기

기술 **技术**(技術) jìshù

명사 기술.

他的电脑技术很高。
그의 컴퓨터 기술은 매우 높다.

78

**基**

jī 터 기

### 기금 基金 jījīn

명사 기금.

这些是教育基金。
이것은 교육기금이다.

### 기독교 基督教(基督敎) Jīdūjiào

명사 기독교.

他不信基督教。
그는 기독교를 믿지 않는다.

### 기본 基本 jīběn

형용사 기본의. 부사 기본적으로.

他连基本常识都不知道。
그는 기본 상식조차 모른다.

### 기초 基础(基礎) jīchǔ

명사 토대. 기초.

他的汉语基础很好。
그의 중국어 기초는 매우 좋다.

---

连……都 lián…dōu… ~조차도 ~하다.
常识 chángshí 〔명사〕 상식.

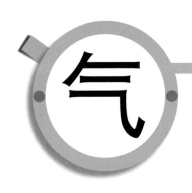

**qì** 기운 기

## 기구 气球(氣球) qìqiú

[명사] 기구. 고무 풍선.

这些气球的颜色很漂亮。
이 기구의 색이 매우 예쁘다.

## 기류 气流(氣流) qìliú

[명사] 기류. 유동 공기.

飞机遇到了气流。
비행기가 기류를 만났다.

## 기온 气温(氣溫) qìwēn

[명사] 기온.

今天的气温有点高。
오늘 기온이 조금 높다.

## 기체 气体(氣體) qìtǐ

[명사] 기체.

这种气体对身体有害。
이런 기체는 몸에 해롭다.

---

颜色 yánsè 〔명사〕색. 색깔.
遇到 yùdào 〔동사〕만나다. 마주치다.
有害 yǒuhài 〔동사〕유해하다. 해롭다.
湿润 shīrùn 〔형용사〕축축하다. 촉촉하다. 습윤하다.

**기후 气候**(氣候) qìhòu

명사 기후.

这里是海洋气候，比较湿润。
이곳은 해양기후이고, 비교적 습윤하다.

**기업 企业**(企業) qǐyè

명사 기업.

我希望能在大企业工作。
나는 대기업에서 일할 수 있기를 바란다.

qǐ 꾀할 기

**기타 其他** qítā

명사 기타. 그 외. 다른.

还有其他人要来吗?
또 다른 사람도 올 거니?

qí 그 기

**机**

**jī** 기계 기

기계 **机械**(機械) jīxiè

명사 기계. 기계 장치.

这些机械设备都很先进。
이 기계 설비들은 모두 최신식이다.

기구 **机构**(機構) jīgòu

명사 기구.

这个机构刚成立不久。
이 기구는 성립된 지 얼마 되지 않았다.

기관 **机关**(機關) jīguān

명사 기관.

他在政府机关工作。
그는 정부 기관에서 일한다.

기능 **机能**(機能) jīnéng

명사 기능.

这个产品可以提高身体机能。
이 제품은 신체 기능을 향상시킬 수 있다.

기밀 **机密**(機密) jīmì

명사 기밀. 극비.

这是国家机密。
이것은 국가기밀이다.

## 기회 机会(機會) jīhuì

**명사** 기회. 시기. 찬스.

有机会我想去美国旅游。

기회가 있다면 나는 미국에 여행가고 싶다.

设备 shèbèi 〔명사〕 설비. 시설.
先进 xiānjìn 〔형용사〕 선진의. 남보다 앞선. 진보적인.
成立 chénglì 〔동사〕 성립하다(되다).
政府 zhèngfǔ 〔명사〕 정부.
产品 chǎnpǐn 〔명사〕 생산품. 제품.
提高 tígāo 〔동사〕 제고하다. 향상시키다. 높이다. 끌어올리다.

## 기아 饥饿(飢餓) jī'è

**형용사** 굶주리다. 배고프다.

世界上还有很多饥饿人口。

세계에는 아직도 많은 기아 인구가 있다.

jī 주릴 기

人口 rénkǒu 〔명사〕 인구.

**纪**

jì 벼리 기

기념 **纪念**(紀念) jìniàn

동사 기념하다. 명사 기념물. 기념품.

今天是我们的结婚纪念日。

오늘은 우리의 결혼기념일이다.

---

纪念日 jìniànrì 〔명사〕 기념일.

**紧**

jǐn 긴할 긴

情况 qíngkuàng 〔명사〕 상황.
정황.
一……就 yī…jiù… 〔명사〕
…하자마자 곧 …하다.
…하기만 하면 곧 …하다.

긴급 **紧急**(緊急) jǐnjí

형용사 긴급하다. 절박하다. 긴박하다.

现在的情况很紧急。

지금 상황이 매우 긴급하다.

---

긴장 **紧张**(緊張) jǐnzhāng

형용사 긴장해 있다.

我一见老师就紧张。

나는 선생님을 보기만 하면 긴장된다.

84

**luò** 떨어질 **락**

낙후 **落后**(落後) luòhòu

형용사 낙후되다. 뒤떨어지다.

这个城市经济落后。

이 도시는 경제가 낙후되어 있다.

经济 jīngjì 〔명사〕 경제.

**lè** 즐길 **락**

낙관 **乐观**(樂觀) lèguān

형용사 낙관적이다.

他很乐观。

그는 매우 낙관적(낙천적)이다.

낙원 **乐园**(樂園) lèyuán

명사 낙원. 유원지.

你相信有乐园吗?

당신은 낙원이 있다는 것을 믿습니까?

## 难

nán 어려울 난

### 난관 难关(難關) nánguān

**명사** 난관. 통과하기 어려운 관문.

有办法度过这个难关吗?
이 난관을 넘을 방법이 있습니까?

### 난산 难产(難産) nánchǎn

**동사** (분만시) 난산하다.

她生孩子时难产了。
그녀는 아이를 낳을 때 난산했다.

### 난제 难题(難題) nántí

**명사** 난제. 풀기 어려운 문제.

我遇到了一个难题。
나는 난제에 부딪쳤다.

---

度过 dùguò 〔동사〕 (시간을) 보내다. 지내다. 넘기다.
遇到 yùdào 〔동사〕 만나다. 마주치다. 부딪치다.

# 浪

**làng** 물결 랑

낭만 浪漫 làngmàn

[형용사] 낭만적이다. 로맨틱하다.

我男朋友是一个很浪漫的人。
내 남자친구는 매우 낭만적인 사람이다.

낭비 浪费(浪費) làngfèi

[동사] 낭비하다.

不要浪费时间了，快点学习。
시간을 낭비하지 말고 빨리 공부해.

# 内

**nèi** 안 내

내부 内部(內部) nèibù

[명사] 내부.

他们公司内部管理很严格。
그들의 회사 내부 관리는 매우 엄격하다.

내용 内容(內容) nèiróng

[명사] 내용.

今天上课的内容是什么?
오늘 수업 내용은 무엇입니까?

严格 yángé 〔형용사〕 **엄격**하다.
엄하다.

ㄴ

**lěng** 찰 냉

냉담 冷淡 (冷淡) lěngdàn

형용사 냉담하다. 냉정하다. 쌀쌀하다.

他对我的态度很冷淡。
그가 나를 대하는 태도는 매우 냉담하다.

냉동 冷冻 (冷凍) lěngdòng

동사 냉동하다.

这些肉要冷冻保存。
이 고기들은 냉동 보관해야 한다.

냉소 冷笑 (冷笑) lěngxiào

명사 냉소. 조소. 동사 냉소하다. 조소하다.

他对我冷笑了一下。
그는 나에게 냉소를 지었다.

냉정 冷静 (冷靜) lěngjìng

형용사 냉정하다. 침착하다.

大家不要着急，冷静一下。
모두들 서두르지 말고, 침착하세요.

냉혹 冷酷 (冷酷) lěngkù

형용사 냉혹하다. 잔인하다.

他不管对谁，都很冷酷。
그는 누구를 대하든지 간에 매우 냉혹하다.

态度 tàidu [명사] 태도.
保存 bǎocún [동사] 보존하다.
　　보관하다.
着急 zháojí [동사] 조급해하다.
　　초조해하다. 마음을 졸이다.
不管 bùguǎn [접속사] …을 막론
　　하고. …에 관계없이. [뒤에 흔히
　　'都(dōu)'·'也(yě)' 등의 부사와
　　호응하여 쓰임.]

**nú** 종 노

노비 奴婢 núbì

명사 노비.

我在电影里演一个奴婢。
나는 영화에서 노비 역을 맡았다.

演 yǎn 〔동사〕 공연하다. 연기하다.

**nǔ** 힘쓸 노

노력 努力 nǔlì

동사 노력하다.

我必须要努力学习。
나는 반드시 공부를 열심히 해야 한다.

必须 bìxū 〔부사〕 반드시 …해야 한다. 기필코 …해야 한다.

**lù** 길로

노면 路面 lùmiàn

명사 도로. 노면. 길바닥.

这里的路面很滑。
이곳의 노면이 매우 미끄럽다.

---

노선 路线(路線) lùxiàn

명사 노선.

你知道去动物园的路线吗?
너는 동물원에 가는 노선을 아니?

滑 huá〔형용사〕미끄럽다.

**lù** 이슬로

노천 露天 lùtiān

명사 노천. 옥외. 지붕 없이 개방된 것.

这是一家露天咖啡店。
이곳은 노천 카페이다.

**老**

**lǎo** 늙을 로

노인 老人 lǎorén

**명사** 노인.

我们都应该尊敬老人。
우리는 모두 노인을 공경해야 한다.

**劳**

**láo** 일할 로

노동 劳动(勞動) láodòng

**명사** 일. 노동. **동사** 육체 노동을 하다.

脑力劳动比体力劳动更累。
정신노동이 육체노동보다 더 피곤하다.

---

**脑力** nǎolì 〔명사〕 기억력. 이해력. 사고력. 상상력.

**体力** tǐlì 〔명사〕 체력. 힘.

**lù** 기록할 록

녹음 录音(錄音) lùyīn

명사 녹음. 동사 녹음하다.

下午她一直在录音。
오후에 그녀는 계속 녹음했다.

**lǜ** 푸를 록

녹색 绿色(綠色) lǜsè

명사 녹색.

我最喜欢绿色。
나는 녹색을 가장 좋아한다.

녹차 绿茶(綠茶) lǜchá

명사 녹차.

夏天喝绿茶对身体好。
여름에 녹차를 마시는 것은 몸에 좋다.

**nóng** 농사 농

### 농민 农民(農民) nóngmín

**명사** 농민.

我只是一个农民。
나는 단지 농민일 뿐이다.

### 농부 农夫(農夫) nóngfū

**명사** 농부.

你听过农夫和蛇的故事吗?
당신은 농부와 뱀의 이야기를 들어본 적이 있습니까?

### 농업 农业(農業) nóngyè

**명사** 농업.

他们很重视农业。
그들은 농업을 매우 중시한다.

### 농장 农场(農場) nóngchǎng

**명사** 농장.

我家有一个大农场。
우리 집에는 큰 농장이 있다.

### 농촌 农村(農村) nóngcūn

**명사** 농촌.

农村的空气非常好。
농촌의 공기는 매우 좋다.

只是 zhǐshì 〔부사〕 단지. 다만.
　　오직.
蛇 shé 〔명사〕 뱀.
故事 gùshi 〔명사〕 고사. 이야기.

## 浓

**nóng** 짙을 농

농도 **浓度**(濃度) nóngdù

〔명사〕 농도.

白酒的酒精浓度比啤酒高。
백주의 알코올 농도는 맥주보다 높다.

농축 **浓缩**(濃縮) nóngsuō

〔동사〕 농축하다.

这是浓缩咖啡，非常苦。
이것은 에스프레소라서 매우 쓰다.

농후 **浓厚**(濃厚) nónghòu

〔형용사〕 농후하다. 짙다.

他对音乐产生了浓厚的兴趣。
그는 음악에 깊은 흥미가 생겼다.

---

白酒 báijiǔ 〔명사〕 배갈. 백주.
酒精 jiǔjīng 〔명사〕 알코올(alcohol).
苦 kǔ 〔형용사〕 쓰다.
音乐 yīnyuè 〔명사〕 음악.
产生 chǎnshēng 〔동사〕 생기다.

**能**

néng 능할 능

능력 **能力** nénglì

【명사】 능력.

我有能力解决这个问题。

나는 이 문제를 해결할 능력이 있다.

ㄴ

**解决** jiějué 〔동사〕 해결하다. 풀다.

## duō 많을 다

方案 fāng'àn 〔명사〕 방안.
反对 fǎnduì 〔동사〕 반대하다.
款式 kuǎnshì 〔명사〕 양식.
　스타일. 디자인.

다수 **多数**(多數) duōshù

〔명사〕 다수.

多数人反对这个方案。
다수가 이 방안을 반대한다.

다양 **多样**(多樣) duōyàng

〔형용사〕 다양하다.

这里的衣服款式多样。
이곳의 옷 디자인은 다양하다.

ㄷ

## tuán 모일 단

乒乓球 pīngpāngqiú 〔명사〕 탁구.
团体赛 tuántǐsài 〔명사〕 단체전.
进行 jìnxíng 〔명사〕 진행하다.

단결 **团结**(團結) tuánjié

〔동사〕 단결하다.

我们一定要团结。
우리는 반드시 단결해야 한다.

단체 **团体**(團體) tuántǐ

〔명사〕 단체.

乒乓球团体赛正在进行。
탁구 단체전이 진행 중이다.

**duàn** 끊을 단

단절 **断绝**(斷絕) duànjué

동사 단절하다. 끊다.

我们俩断绝关系了。

우리 둘은 관계를 끊었다.

**tán** 말씀 담

담론 **谈论**(談論) tánlùn

동사 담론하다. 논의하다.

我们不要再谈论这个问题了。

우리 더 이상 이 문제를 이야기하지 맙시다.

담화 **谈话**(談話) tánhuà

명사 담화. 동사 담화하다. 이야기하다.

爸爸找你去谈话。

아빠가 이야기하러 널 찾아간다.

**dá** 대답할 **답**

답안 答案 dá'àn

〔명사〕 답안.

你知道这个问题的答案吗？

너는 이 문제의 답을 아니?

**dāng** 마땅 **당**

당시 当时(當時) dāngshí

〔명사〕 당시. 그때.

当时，我没看见你。

그때 나는 너를 못 봤다.

당연 当然(當然) dāngrán

〔형용사〕 당연하다. 〔부사〕 당연히. 물론.

我当然喜欢你。

나는 당연히 너를 좋아한다.

ㄷ

**táng** 사탕 당

注意 zhùyì 〔동사〕 주의하다.
饮食 yǐnshí 〔명사〕 음식.

당뇨병 糖尿病 tángniàobìng

명사 당뇨병.

有糖尿病的人要注意饮食。
당뇨병이 있는 사람은 음식에 주의해야 한다.

당분 糖分 tángfèn

명사 당분.

水果里的糖分很高。
과일의 당분이 매우 높다.

**dài** 기다릴 대

대우 待遇 dàiyù

명사 대우. 동사 대우하다.

这家公司的待遇很好。
이 회사의 대우는 매우 좋다.

## dà 클 대

### 대다수 大多数(大多數) dàduōshù

（명사） 대다수.

大多数人都同意这个计划。
대다수의 사람들이 모두 이 계획에 동의한다.

### 대량 大量 dàliàng

（형용사） 대량의.

这种产品不能大量生产。
이런 제품은 대량 생산할 수 없다.

### 대중 大众(大衆) dàzhòng

（명사） 대중.

它代表了大众的愿望。
그것은 대중의 희망을 나타낸다.

ㄷ

---

同意 tóngyì〔동사〕동의하다. 허락하다.
生产 shēngchǎn〔동사〕생산하다.
代表 dàibiǎo〔명사〕대표. 대표자.〔동사〕대표하다. 나타내다.
愿望 yuànwàng〔명사〕희망. 소망. 바람. 소원.

**duì** 대할 대

### 대립 对立(對立) duìlì

[동사] 대립하다.

我们的看法是对立的。
우리 생각은 대립된다.

### 대상 对象(對象) duìxiàng

[명사] 대상.

他是我们今天要采访的对象。
그는 우리가 오늘 인터뷰할 대상이다.

### 대외 对外(對外) duìwài

[동사] 대외적으로 관계를 맺다.

他在外交部负责对外关系。
그는 외무부에서 대외 관계를 담당하고 있다.

### 대책 对策(對策) duìcè

[명사] 대책.

你想到对策了吗? 现在没有对策?
너 대책 생각해봤니? 지금 대책이 없는 거야?

### 대화 对话(對話) duìhuà

[명사] 대화. [동사] 대화하다.

你听到他们的对话了吗?
너 그들의 대화를 들었니?

看法 kànfǎ〔명사〕견해.
采访 cǎifǎng〔동사〕탐방하다.
　인터뷰하다. 취재하다.
外交部 wàijiāobù〔명사〕외무부.
负责 fùzé〔동사〕맡다. 담당하다.

## 代

**dài** 대신할 대

不管 bùguǎn 〔접속사〕
…을 막론하고. …에 관계없이.
〔뒤에 흔히 '都(dōu)'·'也(yě)'
등의 부사와 호응하여 쓰임〕
付出 fùchū 〔동사〕 (돈이나
대가를) 지급하다. 지불하다.
들이다.
金钱 jīnqián 〔명사〕 금전. 돈.
…不了 …buliǎo …할 수 없다.

**대가 代价**(代價) dàijià

명사 대가.

不管做什么事都要付出代价。
어떤 일을 하든지 간에 대가를 지불해야 한다.

**대체 代替 dàitì**

동사 대체하다. 대신하다.

金钱代替不了感情。
돈은 감정을 대체할 수 없다.

**대표 代表 dàibiǎo**

명사 대표. 대표자. 동사 대표하다. 나타내다.

这是我们公司的代表。
이 사람은 우리 회사의 대표이다.

## 台

**tái** 받침 대

**대사 台词**(臺詞) táicí

명사 대사.

我忘台词了。
나는 대사를 잊어버렸다.

**dào** 이를 도

### 도달 到达(到達) dàodá

**동사** 도달하다.

我们已经到达机场了。
우리는 이미 공항에 도착했다.

### 도래 到来(到來) dàolái

**동사** 도래하다. 닥쳐오다.

欢迎你的到来。
당신이 온 걸 환영합니다.

### 도처 到处(到處) dàochù

**명사** 도처. 곳곳. 가는 곳.

现在去旅游，到处都是人。
현재 여행을 가면, 가는 곳마다 다 사람이다.

---

**机场** jīchǎng (명사) 공항.

**tᐁo** 도망할 **도**

### 도망 逃亡(逃亡) táowáng

[동사] 도망치다.

逃亡的生活是很辛苦的。
도망치는 생활은 고되다.

### 도주 逃走(逃走) táozǒu

[동사] 도주하다.

他和朋友一起逃走了。
그는 친구와 함께 도주하였다.

### 도피 逃避(逃避) táobì

[동사] 도피하다.

你是在逃避现实。
너는 현실을 도피하고 있는 것이다.

辛苦 xīnkǔ [형용사] 고생스럽다. 수고롭다.
现实 xiànshí [명사] 현실. [형용사] 현실적이다.

道 dào 길 도

### 도가 道家 Dàojiā

명사 도가.

他是道家的代表人物。
그는 도가의 대표적인 인물이다.

### 도구 道具 dàojù

명사 공연 도구. 소도구. 촬영 소품.

这是我们拍电影的道具。
이것은 우리가 영화를 찍는 소품이다.

### 도덕 道德 dàodé

명사 도덕. 윤리.　형용사 도덕적이다.

这是一种不道德的行为。
이것은 부도덕한 행위이다.

---

人物 rénwù 〔명사〕 인물.
拍电影 pāidiànyǐng 〔동사〕 영화를 촬영하다.
行为 xíngwéi 〔명사〕 행위. 행동.

**tú** 그림 도

도서관 **图书馆**(圖書館) túshūguǎn

〔명사〕 도서관.

一会儿一起去图书馆吧！
이따가 같이 도서관에 가자.

도안 **图案**(圖案) tú'àn

〔명사〕 도안.

这个图案我很喜欢。
이 도안이 나는 맘에 든다.

**一会儿** yíhuìr 〔명사〕 잠깐 동안.
잠시. 곧.

**dú** 읽을 독

독서 **读书**(讀書) dúshū

〔동사〕 책을 읽다. 공부하다.

我要努力地读书。
나는 열심히 공부해야 한다.

독자 **读者**(讀者) dúzhě

〔명사〕 독자.

我是这篇小说的读者。
나는 이 소설의 독자이다.

**dú** 홀로 독

독립 **独立**(獨立) dúlì

〔동사〕 독립하다.

我长大了，该独立了。
나는 이제 컸으니 독립해야 한다.

독창 **独唱**(獨唱) dúchàng

〔명사〕 독창. 〔동사〕 독창하다.

这首歌适合独唱。
이 노래는 독창하기에 적합하다.

독특 **独特**(獨特) dútè

〔형용사〕 독특하다.

这个设计很独特。
이 계획은 매우 독특하다.

**适合** shìhé 〔동사〕 적합하다. 알맞다. 적절하다.
**设计** shèjì 〔동사〕 설계하다. 디자인하다. 〔명사〕 설계. 디자인.

突

tū 갑자기 돌

돌연 突然 tūrán

**부사** 갑자기. **형용사** 갑작스럽다.

回家的路上突然下起了大雨。

집에 가는 길에 갑자기 비가 많이 내리기 시작했다.

돌파 突破 tūpò

**동사** 돌파하다.

我们要一起突破这个难关。

우리는 함께 이 난관을 돌파해야 한다.

ㄷ

**dòng** 움직일 **동**

동기 动机(動機) dòngjī

명사 동기.

你这样做的动机是什么?
네가 이렇게 한 동기는 무엇이니?

동물 动物(動物) dòngwù

명사 동물.

你喜欢什么动物?
너는 무슨 동물을 좋아하니?

동사 动词(動詞) dòngcí

명사 동사.

这是动词, 不是形容词。
이것은 동사이지 형용사가 아니다.

동요 动摇(動搖) dòngyáo

동사 동요하다. 흔들리다.

听了他的话, 我有点动摇了。
그의 말을 듣고 나는 조금 흔들렸다.

동작 动作(動作) dòngzuò

명사 동작. 동사 움직이다. 행동하다.

这个动作有点儿难。
이 동작은 조금 어렵다.

形容词 xíngróngcí 〔명사〕형용사.

**tóng** 한가지 동

### 동거 同居 tóngjū

`동사` 동거하다.

我和男朋友同居了。
나는 남자친구랑 동거한다.

### 동등 同等 tóngděng

`형용사` 동등하다.

他们的待遇是同等的。
그들의 대우는 동등하다.

### 동맹 同盟 tóngméng

`명사` 동맹. `동사` 동맹하다.

美国是我们的同盟国。
미국은 우리의 동맹국이다.

### 동시 同时 (同時) tóngshí

`명사` 동시. `부사` 동시에.

不要同时做两件事情。
동시에 두 가지 일을 하지 마라.

### 동의 同意 tóngyì

`동사` 동의하다.

妈妈同意我和他结婚。
엄마는 내가 그와 결혼하는 것에 동의하신다.

ㄷ

**동정 同情**(同情) tóngqíng

동사 동정하다.

我很同情他。
나는 그를 매우 동정한다.

**동포 同胞** tóngbāo

명사 동포.

我们都是同胞。
우리는 모두 동포이다.

**dēng** 오를 등

**등산 登山** dēngshān

명사 등산. 동사 등산하다.

我的爱好是登山。
나의 취미는 등산이다.

---

爱好 àihào 〔명사〕 취미. 애호.

116

**má** 삼 마

마비 麻痹(痲痺) mábì

〔동사〕 마비되다.

我的身体冻得快麻痹了。
나의 몸이 얼어 마비될 지경이다.

冻 dòng〔동사〕얼다(곱다).
춥다. 차다.

마취 麻醉(痲醉) mázuì

〔동사〕 마취하다.

手术前要全身麻醉。
수술 전에 전신마취를 해야 한다.

**wǎn** 늦을 만

만찬 晚餐(晚餐) wǎncān

〔명사〕 저녁 식사.

今天的晚餐很好吃。
오늘 저녁이 매우 맛있다.

119

## 万

**wàn** 일만 만

**만능** 万能(萬能) wànnéng

형용사 만능이다.

金钱不是万能的。
돈이 만능인 것은 아니다.

---

**만세** 万岁(萬歲) wànsuì

동사 만세!

祖国万岁。
조국 만세.

---

**만일** 万一(萬一) wànyī

명사 만일. 부사 만일에.
접속사 만일. 만약. 만에 하나. 혹시라도.

万一我不能去中国留学，怎么办？
만약 내가 중국 유학을 갈 수 없으면, 어떡하지？

---

祖国 zǔguó 〔명사〕 조국.
留学 liúxué 〔동사〕 유학하다.

**mǎn** 가득 찰 만

만족 满足(滿足) mǎnzú

동사 만족하다. 만족시키다.

他没有满足我的要求。

그는 나의 요구를 만족시키지 못했다.

**mǎi** 살 매

매매 买卖(賣買) mǎimai

명사 매매. 장사.

他是来这儿做买卖的。

그는 이곳에 사업을 하러 온 사람이다.

**méi** 매화 매

매화 梅花 méihuā

명사 매화.

梅花在冬天开花。
매화는 겨울에 꽃이 핀다.

**mái** 묻을 매

매복 埋伏 máifú

동사 매복하다. 잠복하다. 숨다.

前面埋伏了很多人。
앞에 많은 사람들이 매복해 있다.

매장 埋葬 máizàng

동사 (사체를) 묻다. 매장하다.

他死后，埋葬在公墓里。
그가 죽은 후, 공동묘지에 묻었다.

公墓 gōngmù 〔명사〕 공동 묘지.

**méi** 중매 매

매체 媒体 méitǐ

**명사** 매체.

电视和报纸都是媒体的一种。
TV와 신문은 모두 매체의 일종이다.

---

**报纸** bàozhǐ 〔명사〕 신문.

**mèng** 꿈 몽

몽상 梦想(夢想) mèngxiǎng

**명사** 몽상. 꿈.

你的梦想实现了吗?
너의 꿈은 이루어졌니?

---

**实现** shíxiàn 〔동사〕 실현하다. 달성하다.

**máng** 눈 멀 맹

맹목 盲目 mángmù

형용사 눈 먼. 맹목적인.

你不要盲目地相信他。
너는 맹목적으로 그를 믿지 마라.

맹인 盲人 mángrén

명사 맹인.

我们要尊重盲人。
우리는 맹인을 존중해야 한다.

**miǎn** 면할 면

면세 免税(免稅) miǎnshuì

동사 면세하다. 면세되다.

我经常去免税店买东西。
나는 자주 물건을 사러 면세점에 간다.

124

**miàn** 낯 **면**

### 면담 面谈(面談) miàntán

[동사] 면담하다. 직접 만나서 이야기하다.

申请签证需要面谈吗?

비자 신청을 하는데 면담이 필요합니까?

### 면모 面貌 miànmào

[명사] 용모. 생김새.

这些年她的面貌没什么变化。

요 몇 년 간 그녀의 외모에 어떤 변화도 없었다.

### 면적 面积(面積) miànjī

[명사] 면적.

这个房子的面积有多大?

이 집의 면적은 얼마나 됩니까?

### 면전 面前 miànqián

[명사] 면전. 눈앞. 앞.

他在妈妈面前像个小孩子。

그는 엄마 앞에서 아이같다.

---

申请 shēnqǐng [명사] 신청. [동사] 신청하다.

签证 qiānzhèng [명사] 비자.

需要 xūyào [동사] 요구되다. 필요로 하다. …해야 한다.

变化 biànhuà [명사] 변화. [동사] 변화하다. 달라지다.

# 名

**míng** 이름 명

**명단** 名单(名單) míngdān

(명사) 명단.

这是我们班学生的名单。
이것은 우리 반 학생들의 명단이다.

**명사** 名词(名詞) míngcí

(명사) 명사.

你认识这些名词吗?
너 이 명사들을 아니?

**명성** 名声(名聲) míngshēng

(명사) 명성.

他在医学界名声很大。
그는 의학계에서 명성이 높다.

**명언** 名言(名言) míngyán

(명사) 명언.

你还记得哪些名言?
너는 어떤 명언을 기억하고 있니?

**认识** rènshi (동사) 알다. 인식
하다.
**记得** jìde (동사) 기억하고 있다.
잊지 않고 있다.
**重视** zhòngshì (동사) 중시하다.
중요시하다.

**명예** 名誉(名譽) míngyù

(명사) 명예. 명성. (형용사) 명예의.

每个人都很重视自己的名誉。
모든 사람은 모두 자신의 명예를 중시한다.

126

**mìng** 목숨 명

명령 命令(命令) mìnglìng

[명사] 명령. [동사] 명령하다.

他接到了上级的命令。
그는 상부의 명령을 받았다.

接 jiē〔동사〕받다. 이어받다.
上级 shàngjí〔명사〕상급. 상부. 상급자. 상사.

**máo** 창 모

모순 矛盾 máodùn

[명사] 모순. 갈등. 대립. [형용사] 모순적이다.

他说话前后矛盾。
그는 말하는 것이 앞뒤가 맞지 않는다.

**mào** 무릅쓸 모

모험 **冒险**(冒險) màoxiǎn

동사 모험하다. 위험을 무릅쓰다.

他是个冒险家。
그는 모험가이다.

**mù** 칠 목

목동 **牧童** mùtóng

명사 목동.

这首诗展现了牧童的生活。
이 시는 목동의 생활을 보여준다.

목장 **牧场**(牧場) mùchǎng

명사 목장.

今天我们去参观牧场吧！
오늘 우리는 목장에 구경하러 가자.

诗 shī 〔명사〕 시.
展现 zhǎnxiàn 〔동사〕 전개하다.
　펼쳐지다.
生活 shēnghuó 〔명사〕 생활.
参观 cānguān 〔동사〕 (전람회·
　공장·명승 고적 등을) 참관하다.
　견학하다.

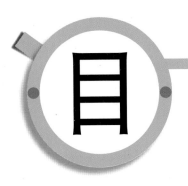

**mù** 눈 목

### 목격 目击(目擊) mùjī

**동사** (사고 현장을) 목격하다.

他目击了事件的全过程。
그는 사건의 전 과정을 목격했다.

### 목적 目的 mùdì

**명사** 목적.

你这么做的目的是什么?
네가 이렇게 하는 목적이 뭐야?

### 목표 目标(目標) mùbiāo

**명사** 목표.

我今天的目标就是把作业全写完。
오늘 나의 목표는 바로 숙제를 모두 끝내는 것이다.

---

事件 shìjiàn 〔명사〕 사건.
过程 guòchéng 〔명사〕 과정.

**wú** 없을 무

## 무관 无关(無關) wúguān

**동사** 무관하다. 상관없다.

这事与他无关。
이 일은 그와 무관하다.

## 무궁 无穷(無窮) wúqióng

**형용사** 끝이 없다. 무궁하다. 한이 없다.

工作中的乐趣是无穷的。
작업 중의 즐거움은 무궁한 것이다.

## 무정 无情(無情) wúqíng

**동사** 무정하다. 감정이 없다. **형용사** 냉정하다.

你怎么这么无情?
너는 왜 이렇게 무정하니?

## 무지 无知(無知) wúzhī

**동사** 무지하다. 아는 것이 없다. 사리에 어둡다.

他就像一个无知的小孩子。
그는 무지한 아이 같다.

与 yǔ 〔개사〕 …와(과)
像 xiàng 〔동사〕 같다. 비슷하다.
　　닮다.
潜力 qiánlì 〔명사〕 잠재 능력.
　　잠재력. 저력.

## 무한 无限(無限) wúxiàn

**형용사** 끝이 없다. 무한하다.

人的潜力是无限的。
사람의 잠재력은 무한하다.

130

**wǔ** 춤 출 무

무대 **舞台**(舞臺) wǔtái

〔명사〕 무대.

一上舞台我就紧张。

나는 무대 위에 올라 가기만 하면 긴장된다.

무도 **舞蹈** wǔdǎo

〔명사〕 무도. 춤. 무용.　〔동사〕 춤추다. 무용하다.

我从七岁开始学习舞蹈。

나는 일곱 살 때부터 무용을 배우기 시작했다.

---

**紧张** jǐnzhāng 〔형용사〕 (정신적으로) 긴장해 있다. 불안하다.
**一~就~** yī…jiù… ~하기만 하면 ~한다. ~하자마자 ~한다.

---

**mào** 무역할 무

무역 **贸易** màoyì

〔명사〕 무역. 거래.

我是做贸易生意的。

나는 무역 일을 하는 사람이다.

武

**wǔ** 호반 무

### 무관 武官 wǔguān

〔명사〕 무관. 군관. 장교.

他是朝鲜时代的武官。

그는 조선시대의 무관이다.

### 무기 武器 wǔqì

〔명사〕 무기.

罪犯手里有武器。

범인은 손에 무기를 가지고 있다.

### 무력 武力 wǔlì

〔명사〕 무력. 폭력.

不要用武力解决问题。

무력으로 문제를 해결하지 마라.

### 무술 武术(武術) wǔshù

〔명사〕 무술.

你会武术吗?

너는 무술을 할 줄 아니?

### 무장 武装(武裝) wǔzhuāng

〔명사〕 무장. 〔동사〕 무장하다.

这里到处都是武装警察。

이곳은 도처에 무장 경찰이 깔려있다.

---

朝鲜时代 Cháoxiānshídài
〔명사〕 조선시대.

罪犯 zuìfàn 〔명사〕 범죄자.

解决 jiějué 〔동사〕 해결하다. 풀다.

危险 wēixiǎn 〔형용사〕 위험하다.

警察 jǐngchá 〔명사〕 경찰.

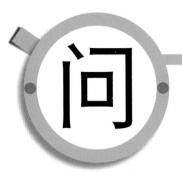

## wèn 물을 문

문후 **问候**(問候) wènhòu

동사 안부를 묻다. 문안드리다.

大家互相问候一下吧！
모두 서로 안부를 물어보세요.

## wén 글월 문

문건 **文件** wénjiàn

명사 문건. 서류. 파일.

我今天把文件忘在家里了。
나는 오늘 문건을 집에 깜박 놓고 왔다.

문관 **文官** wénguān

명사 문관.

现在还有文官制度吗?
지금도 문관제도가 있습니까?

문구 **文具** wénjù

명사 문구.

这附近有文具店吗?
이 부근에 문구점이 있습니까?

### 문맹 文盲 wénmáng

명사 문맹.

爷爷是文盲，不认识字。
할아버지는 문맹이어서 글자를 모르신다.

### 문명 文明 wénmíng

명사 문명. 형용사 문명화된.

我们是文明人，不能骂人。
우리는 문명인이기 때문에 욕을 해서는 안 된다.

### 문물 文物 wénwù

명사 문물.

这件文物历史悠久。
이 문물은 역사가 유구하다.

### 문예 文艺(文藝) wényì

명사 문예. 문학과 예술.

文艺表演现在开始。
문예 공연이 지금 시작됩니다.

### 문자 文字 wénzì

명사 문자.

我看不懂这种文字。
나는 이런 문자를 모른다.

## 문장 文章 wénzhāng

**명사** 문장.

请大家写一篇文章。
모두들 문장을 한 편 써보세요.

## 문학 文学(文學) wénxué

**명사** 문학.

他的专业是古代文学。
그의 전공은 고대문학이다.

## 문헌 文献(文獻) wénxiàn

**명사** 문헌.

关于这方面的文献非常少。
이 방면에 관한 문헌은 매우 적다.

## 문화 文化 wénhuà

**명사** 문화.

我想了解一下中国的文化。
나는 중국 문화를 잘 알고 싶다.

---

**制度** zhìdù 〔명사〕 **제도**. 규정.
**附近** fùjìn 〔명사〕 **부근**. 근처.
**骂** mà 〔동사〕 욕하다.
**历史** lìshǐ 〔명사〕 **역사**.
**悠久** yōujiǔ 〔형용사〕 유구하다.

**wù** 물건 물

## 물가 物价(物價) wùjià

명사 물가.

现在物价越来越高。
현재 물가가 점점 높아지고 있다.

## 물리 物理 wùlǐ

명사 물리(학).

这是一种物理现象。
이것은 물리현상이다.

## 물색 物色 wùsè

동사 물색하다.

导演正在物色这部电影的演员。
감독은 이 영화의 배우를 물색하고 있다.

## 물자 物资(物資) wùzī

명사 물자.

这些物资已经很充足了。
이 물자들은 이미 충분하다.

## 물질 物质(物質) wùzhì

명사 물질.

他们更重视物质生活。
그들은 물질생활을 더 중시한다.

越来越 yuèláiyuè〔부사〕더욱
　　더. 점점. 갈수록.
现象 xiànxiàng〔명사〕현상.
演员 yǎnyuán〔명사〕배우.
　　연기자. 출연자.
充足 chōngzú〔형용사〕충분하다.
摩擦 mócā〔동사〕마찰하다.
发热 fārè〔동사〕열을 발하다〔내다〕.
贵重 guìzhòng〔형용사〕귀중하
　　다. 중요하다. 진기하다.
随身 suíshēn〔동사〕몸에 지니
　　다. 휴대하다.

## 물체 物体 (物體) wùtǐ

　명사　물체.

物体摩擦以后会发热。
물체가 마찰하면 열이 생긴다.

## 물품 物品 wùpǐn

　명사　물품.

贵重的物品要随身带着。
귀중한 물품은 몸에 지녀주세요.

## wèi 아닐 미

计划 jihuà〔명사〕계획.〔동사〕계
　　획하다. 기획하다.
还是 háishi〔부사〕여전히. 아직도.

## 미래 未来 (未來) wèilái

　명사　미래.

你对未来有计划吗?
너는 미래에 대해서 계획이 있니?

## 미혼 未婚 wèihūn

　동사　결혼하지 않다.　형용사　미혼의.

我现在还是未婚。
나는 아직 결혼을 하지 않았다.

## 味

**wèi** 맛 미

미각 味觉(味覺) wèijué

[명사] 미각.

我已经失去味觉了。

나는 이미 미각을 잃었다.

失去 shīqù [동사] 잃다. 잃어버리다.

## 微

**wēi** 작을 미

미생물 微生物 wēishēngwù

[명사] 미생물.

你知道微生物化学吗?

너는 미생물화학을 알고 있니?

미소 微笑 wēixiào

[명사] 미소. [동사] 미소하다. 미소짓다.

他用微笑面对每一个人。

그는 미소로 모든 사람을 대한다.

化学 huàxué [명사] 화학.
面对 miànduì [동사] 마주 보다.
마주 대하다. 직면하다. 직접 대
면하다.

## 美

**měi** 아름다울 미

### 미덕 美德 měidé

[명사] 미덕.

谦虚是一种美德。
겸손은 일종의 미덕이다.

### 미모 美貌 měimào

[명사] 미모.

她的美貌吸引了很多人。
그녀의 미모는 매우 많은 사람을 매료시킨다.

### 미술 美术(美術) měishù

[명사] 미술.

美术展览会在这里举行。
미술 전람회가 이곳에서 열린다.

### 미용 美容 měiróng

[동사] 미용하다. 미장하다.

我经常来这里做美容。
나는 종종 이곳에 마사지하러 온다.

### 미학 美学(美學) měixué

[명사] 미학.

我对美学没兴趣。
난 미학에 관심이 없다.

谦虚 qiānxū 〔형용사〕 겸손하다.
　겸허하다.
吸引 xīyǐn 〔동사〕 흡인하다. 빨아
　당기다.
展览会 zhǎnlǎnhuì 〔명사〕 전람회.
举行 jǔxíng 〔동사〕 거행하다.
兴趣 xìngqù 〔명사〕 흥미. 흥취.
　취미.

mí 미혹할 미

### 미로 迷路 mílù

동사 길을 잃다.

我今天迷路了。
나는 오늘 길을 잃었다.

### 미신 迷信 míxìn

명사 미신. 동사 미신을 믿다.

一些老年人很迷信。
일부 노인들은 미신을 잘 믿는다.

### 미혹 迷惑 míhuò

동사 미혹되다.

他用金钱迷惑我。
그는 돈으로 나를 미혹시킨다.

**mín** 백성 민

### 민간 民间(民間) mínjiān

명사 민간. 비공식적. 사적.

我喜欢听民间传说故事。
나는 민간 전설이야기를 듣는 것을 좋아한다.

### 민사 民事 mínshì

명사 민사.

他应该负民事责任。
그는 민사 책임을 져야 한다.

### 민속 民俗 mínsú

명사 민속.

他很了解这里的民俗。
그는 이곳의 민속을 잘 안다.

### 민심 民心 mínxīn

명사 민심.

在选举中，民心很重要。
선거에서는 민심이 중요하다.

### 민요 民谣(民謠) mínyáo

명사 민요.

我会唱一些民谣。
나는 민요를 부를 줄 안다.

## 민족 民族 mínzú

**명사** 민족.

中国有56个民族。

중국에는 56개의 민족이 있다.

## 민주 民主 mínzhǔ

**명사** 민주. **형용사** 민주적이다.

我希望你能够民主一点。

나는 네가 조금 민주적이기를 바란다.

---

传说 chuánshuō 〔명사〕 전설.

应该 yīnggāi 〔동사〕 마땅히 …해야 한다.

负 fù 〔동사〕 지다.

责任 zérén 〔명사〕 책임.

选举 xuǎnjǔ 〔명사〕 선거.

重要 zhòngyào 〔형용사〕 중요하다.

能够 nénggòu 〔동사〕 …할 수 있다.

# 敏

**mǐn** 민첩할 **민**

□

性格 xìnggé 〔명사〕 성격.
动作 dòngzuò 〔명사〕 동작. 행동.
움직임. 몸놀림.

### 민감 敏感 mǐngǎn

〔형용사〕 민감하다. 알레르기 반응을 일으키다.

她的性格很敏感。
그녀는 성격이 매우 민감하다.

### 민첩 敏捷 mǐnjié

〔형용사〕 민첩하다. 빠르다.

他的动作太敏捷了。
그는 동작이 매우 민첩하다.

# 密

**mì** 빽빽할 **밀**

人群 rénqún 〔명사〕 군중. 무리.

### 밀도 密度 mìdù

〔명사〕 밀도.

北京的人口密度很大。
북경의 인구 밀도는 매우 크다.

### 밀집 密集 mìjí

〔동사〕 밀집하다. 〔형용사〕 밀집한. 빽빽한.

这里的人群很密集。
이곳의 사람들은 매우 밀집되어 있다.

**bó** 넓을 **박**

### 박람회 博览会 (博覽會) bólǎnhuì

(명사) 박람회.

我参加过上海世界博览会。
나는 상하이 세계 박람회에 참가한 적이 있다.

### 박물관 博物馆 (博物館) bówùguǎn

(명사) 박물관.

明天我打算去博物馆参观。
내일은 박물관에 구경하러 갈 계획이다.

### 박사 博士 bóshì

(명사) 박사.

妈妈希望我能考上博士。
엄마는 내가 박사 시험에 합격할 수 있기를 바라신다.

### 박애 博爱 (博愛) bó'ài

(명사) 박애.
(동사) 모든 사람을 평등하게 사랑하다.

她有一颗博爱的心。
그녀는 박애하는 마음을 가지고 있다.

---

**考上** kǎoshàng (동사) (시험에) 합격하다.

**反**

**fǎn** 돌이킬 **반**

**반감** 反感 fǎngǎn

명사 반감. 불만. 동사 반감을 가지다.

他的一些行为让人反感。

그의 어떤 행동은 사람들의 반감을 산다.

**반대** 反对(反對) fǎnduì

동사 반대하다.

请你不要反对我的决定。

내 결정에 반대하지 말아 주세요.

**반복** 反复(反復) fǎnfù

동사 반복하다. 거듭하다.

回家以后要反复阅读这篇文章。

집에 가서 이 문장을 반복해서 읽어야 한다.

**반문** 反问(反問) fǎnwèn

동사 반문하다.

是我问你，你不要反问我。

내가 묻는 것에 반문하지 마.

**반사** 反射 fǎnshè

동사 반사하다.

阳光从湖面反射过来。

태양 빛이 호수에 반사됐다.

### 반성 反省 fǎnxǐng

**동사** 반성하다.

我们应该经常反省自己的错误。
우리는 항상 자신의 잘못을 반성해야 한다.

### 반영 反映 fǎnyìng

**명사** 반영.  **동사** 반영하다. 반영시키다.

他的文学作品反映了当时社会的面貌。
그의 문학작품은 당시 사회의 면모를 반영하였다.

### 반응 反应(反應) fǎnyìng

**명사** 반응.

观众的反应很好。
관중의 반응이 매우 좋다.

让 ràng 〔동사〕 …하게 하다.
  …하도록 시키다.
决定 juédìng 〔명사〕 결정.
  〔동사〕 결정하다. 결심하다.
阅读 yuèdú 〔동사〕 열독하다.
  읽다.
篇 piān 〔양사〕 편. 〔문장을 세는
  단위〕
错误 cuòwù 〔명사〕 착오. 잘못.
面貌 miànmào 〔명사〕 면모.
  양상. 상태.
观众 guānzhòng 〔명사〕 관중.

bān 나눌 반

### 반장 班长(班長) bānzhǎng

**명사** 반장. 급장. 조장.

他是我们班的班长。
그는 우리 반의 반장이다.

发

fā 필 발

### 발달 发达(發達) fādá

**동사** 발전(발달)시키다.
**형용사** 발달하다. 왕성하다. 번성하다.

医学越来越发达。
의학이 점점 더 발달한다.

### 발명 发明(發明) fāmíng

**명사** 발명. **동사** 발명하다.

科学家们发明了很多东西。
과학자들은 매우 많은 것들을 발명했다.

### 발사 发射(發射) fāshè

**동사** 쏘다. 발사하다.

我国的第一颗卫星是什么时候发射的?
우리 나라의 첫 번째 위성은 언제 발사되었나요?

### 발생 发生(發生) fāshēng

**동사** 발생하다. 일어나다. 벌어지다.

昨天发生了什么事?
어제 무슨 일이 있었니?

**발아** 发芽(發芽) fāyá

동사 발아하다. 싹이 트다.

种子在春天发芽。

씨앗은 봄에 싹이 튼다.

**발육** 发育(發育) fāyù

동사 발육하다. 성장하다. 자라다.

牛奶有助于儿童生长发育。

우유는 어린이의 성장과 발육을 돕는다.

**발표** 发表(發表) fābiǎo

동사 발표하다.

他今天发表了一篇文章。

그는 오늘 한 편의 문장을 발표했다.

**발행** 发行(發行) fāxíng

동사 발행하다.

这是最新发行的杂志。

이것은 최신 발행한 잡지이다.

**발효** 发酵(醱酵) fājiào

동사 발효하다. 발효시키다.

泡菜发酵了才好吃。

김치는 발효시켜야 맛있다.

### 발원 发源(發源) fāyuán

**동사** 발원하다. 발단이 되다.

青海是长江、黄河的发源地。
청해는 장강과 황하의 발원지이다.

### 발작 发作(發作) fāzuò

**동사** 발작하다. 갑자기 일어나다. 성질부리다.
화내다. 성내다.

她的病又发作了。
그녀의 병이 또 발작했다.

### 발전 发展(發展) fāzhǎn

**동사** 발전하다.

他们公司发展得很快。
그들의 회사는 매우 빠르게 발전했다.

---

颗 kē 〔양사〕 알. 〔둥글고 작은 알맹이 모양과 같은 것을 세는 단위〕

卫星 wèixīng 〔명사〕 위성. 인공 위성.

种子 zhǒngzi 〔명사〕 종자. 씨. 씨앗.

牛奶 niúnǎi 〔명사〕 우유.

有助于 yǒuzhùyú …에 도움이 되다.

儿童 értóng 〔명사〕 어린이. 아동.

生长 shēngzhǎng 〔동사〕 생장하다. 성장하다.

文章 wénzhāng 〔명사〕 문장.

杂志 zázhì 〔명사〕 잡지.

fàng 놓을 **방**

草原 cǎoyuán 〔명사〕 초원. 풀밭.
打闪 dǎshǎn 〔동사〕 번개가 치다.
电流 diànliú 〔명사〕 전류.
危险 wēixiǎn 〔명사〕 위험.
　〔형용사〕 위험하다.

### 방목 放牧 fàngmù

〔동사〕 방목하다.

他每天都在这片草原上放牧。
그는 매일 이 초원에서 방목한다.

### 방사 放射 fàngshè

〔동사〕 방사하다. 방출하다. 발사하다.

打闪时放射出的电流很危险。
번개 칠 때 방출되는 전류는 매우 위험하다.

fǎng 찾을 **방**

### 방문 访问(訪問) fǎngwèn

〔동사〕 방문하다.

韩国总统访问了美国。
한국 대통령이 미국을 방문했다.

## 方 fāng 모 방

### 방면 方面 fāngmiàn

`명사` 방면. 부분. 분야.

你想看哪方面的书?
너는 어느 분야의 책을 읽고 싶니?

### 방법 方法 fāngfǎ

`명사` 방법. 수단. 방식.

多听、多说是学习汉语的好方法。
많이 듣고, 많이 말하는 것은 중국어를 배우는 좋은 방법이다.

### 방식 方式 fāngshì

`명사` 방식. 방법.

他们的生活方式不一样。
그들의 생활 방식은 다르다.

### 방안 方案 fāng'àn

`명사` 방안.

我们要做出解决问题的方案。
우리는 문제를 해결할 방안을 만들어 내야 한다.

## 방언 方言 fāngyán

(명사) 방언. 사투리.

他的方言很重，我听不懂。

그는 방언이 심해서, 나는 알아들을 수 없다.

## 방침 方针(方針) fāngzhēn

(명사) 방침.

我们要改变一下经营方针。

우리는 경영방침을 바꿔야 한다.

## 방향 方向 fāngxiàng

(명사) 방향.

我们应该往哪个方向走?

우리는 어느 방향으로 가야 합니까?

---

**做出** zuòchū ···을/를 하다.

**改变** gǎibiàn 〔동사〕 변하다. 바뀌다. 고치다. 바꾸다.

**应该** yīnggāi 〔동사〕···해야 한다. ···하는 것이 마땅하다. ···할 것이다.

**fáng** 막을 **방**

방수 防水 fángshuǐ

동사 방수하다.

这块手表是防水的。
이 손목시계는 방수가 됩니다.

방역 防疫 fángyì

동사 방역하다. 전염병을 예방하다.

大家要做好防疫工作。
모두 방역작업을 잘 해야 한다.

방지 防止 fángzhǐ

동사 방지하다.

饭前一定要洗手，防止生病。
식사 전에 반드시 손을 씻어서 질병을 방지해야 한다.

**péi** 물어줄 **배**

배상 赔偿(賠償) péicháng

동사 배상하다. 변상하다.

今天的事故由谁赔偿？
오늘의 사고는 누가 배상하나요?

由 yóu 〔개사〕 …이〔가〕. …께서. 〔동작의 주체를 나타냄〕

# 排

**pái** 밀칠 **배**

## 배구 排球 páiqiú

〔명사〕 배구. 배구공.

我常常去打排球。
나는 자주 배구를 하러 간다.

## 배열 排列 páiliè

〔동사〕 배열하다. 정렬하다.

这些东西排列得很整齐。
이것들은 매우 가지런히 배열하였다.

## 배설 排泄 páixiè

〔동사〕 배설하다.

这种咖啡是猫的排泄物吗?
이런 커피는 고양이의 배설물인가요?

---

整齐 zhěngqí 〔형용사〕 정연하다. 단정하다. 깔끔하다.
猫 māo 〔명사〕 고양이.

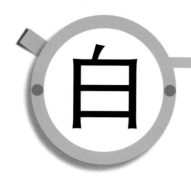

# 白

**bái** 흰 백

백금 白金 báijīn

**명사** 백금.

这条项链是白金的。
이 목걸이는 백금이다.

백색 白色 báisè

**명사** 흰색.

我最喜欢白色。
나는 하얀색을 가장 좋아한다.

백인 白人 báirén

**명사** 백인.

美国人大都是白人。
미국인은 대부분 백인이다.

백치 白痴 báichī

**명사** 백치(병 환자). 지능 장애.

我觉得他像个白痴。
나는 그가 백치인 것 같다고 생각한다.

---

项链 xiàngliàn 〔명사〕 목걸이.

fán 번거로울 번

번뇌 **烦恼**(煩惱) fánnǎo

　형용사　번뇌하다. 걱정하다. 고민스럽다.

他现在很烦恼。
그는 지금 번뇌하고 있다.

번민 **烦闷**(煩悶) fánmèn

　형용사　번민하다. 답답하다. 괴롭다. 걱정스럽다.

你干吗这样烦闷?
왜 이렇게 번민하는 거야?

干吗 gànmá〔대명사〕왜.

fān 뒤집을 번

번역 **翻译**(飜譯) fānyì

　명사　번역자. 통역(원).
　동사　번역하다. 통역하다.

我们公司要招聘一名翻译。
우리 회사는 통역사를 초빙해야 한다.

招聘 zhāopìn〔동사〕모집하다. **초빙**하다. 채용하다.

**fán** 많을 번

### 번식 繁殖(繁殖) fánzhí

**동사** 번식하다. 증가하다. 늘어나다. 많아지다.

这种昆虫繁殖能力很强。
이런 곤충은 번식 능력이 매우 강하다.

### 번영 繁荣(繁榮) fánróng

**동사** 번영(번창)시키다.
**형용사** 번영하다. 크게 발전하다.

希望我的国家永远繁荣。
우리 국가의 영원한 번영을 희망한다.

### 번화 繁华(繁華) fánhuá

**형용사** (도시, 거리가) 번화하다.

这个城市很繁华。
이 도시는 매우 번화하다.

---

昆虫 kūnchóng〔명사〕곤충.
能力 nénglì〔명사〕능력. 역량.
强 qiáng〔형용사〕강하다.
永远 yǒngyuǎn〔형용사〕영원하다.〔부사〕늘. 항상. 언제까지나.

**fàn** 범할 범

### 범법 犯法 fànfǎ

**[동사]** 법을 위반하다.

大家一定不要做犯法的事情。
여러분은 법을 위반하는 일을 해서는 안 됩니다.

### 범인 犯人 fànrén

**[명사]** 범인. 죄인.

他以前是一个犯人。
그는 예전에 범인이였다.

### 범죄 犯罪 fànzuì

**[명사]** 범죄. **[동사]** 죄를 저지르다.

行为 xíngwéi 〔명사〕 행위.

你的这种行为是犯罪。
너의 이런 행동은 범죄 행위야.

**fàn** 법 범

### 범위 范围(範圍) fànwéi

**[명사]** 범위.

你知道这次考试的范围吗?
너는 이번 시험 범위를 알고 있니?

ㅂ

**fǎ** 법 법

### 법규 法规 fǎguī

**명사** 법규.

我们要遵守法律法规。
우리는 법률 법규를 준수해야 한다.

### 법령 法令(法令) fǎlìng

**명사** 법령.

最近政府颁发了新的法令。
최근 정부에서 새로운 법령을 발포하였다.

### 법률 法律 fǎlǜ

**명사** 법률.

我在大学的时候学习法律。
나는 대학교에 다닐 때 법률을 공부했다.

### 법정 法庭 fǎtíng

**명사** 법정.

今天法庭里坐满了人。
오늘 법정은 사람으로 가득 찼다.

### 법원 法院 fǎyuàn

**명사** 법원.

我在法院工作。
나는 법원에서 일한다.

遵守 zūnshǒu〔동사〕준수하다.
지키다.
政府 zhèngfǔ〔명사〕정부.
颁发 bānfā〔동사〕(명령·지시·
정책 등을) 하달하다(내리다).
발포하다. 공포하다.

**biàn** 변할 **변**

### 변동 变动(變動) biàndòng

**명사** 변동. 변경. 변화.
**동사** 변동하다. 변경하다. 바꾸다.

今年公司有些人事变动。
올해 회사의 인사 변동이 좀 있다.

### 변색 变色(變色) biànsè

**동사** 변색되다. 색깔이 변하다.

他吓得脸都变色了。
그는 놀라서 얼굴까지 변색되었다.

### 변심 变心(變心) biànxīn

**동사** 변심하다. 마음이 변하다.

我的男朋友突然变心了。
내 남자친구가 갑자기 변심했다.

### 변질 变质(變質) biànzhì

**동사** (주로 나쁜 쪽으로) 변질되다.

食物放的时间太长会变质。
음식을 오래 두면 변질될 수 있다.

ㅂ

### 변태 变态(變態) biàntài

**명사** 변태.

他有点变态。
그는 조금 변태스럽다.

### 변형 变形(變形) biànxíng

**동사** 변형하다. 모양이 변하다.

自行车的前轮变形了。
자전거의 앞 바퀴가 변형되었다.

### 변화 变化(變化) biànhuà

**명사** 변화. **동사** 변화하다.

几年不见，不过他没有变化。
몇 년 동안 못 만났지만 그는 변화가 없다.

---

人事 rénshì 〔명사〕 인사.

吓 xià 〔동사〕 놀라다. 겁내다. 무서워하다. 두려워하다.

轮 lún 〔명사〕 바퀴처럼 둥근 것.

**补**

**bǔ** 기울 보

보상 **补偿**(補償) bǔcháng

동사 보상하다.

你想要什么补偿?
당신은 어떤 보상을 원하십니까?

보어 **补语**(補語) bǔyǔ

명사 보어.

我觉得汉语中补语最难。
나는 중국어에서 보어가 가장 어렵다고 생각한다.

보약 **补药**(補藥) bǔyào

명사 보약.

他经常吃补药。
그는 자주 보약을 먹는다.

보충 **补充**(補充) bǔchōng

동사 보충하다. 추가하다.

还有要补充的吗?
보충할 것이 더 있나요?

ㅂ

**bǎo** 지킬 보

보관 保管 bǎoguǎn

**동사** 보관하다.

这些水果要放在冰箱里保管。

이 과일들은 냉장고에 넣어 보관해야 한다.

보류 保留 bǎoliú

**동사** 보류하다. 보존하다. 남겨두다.

不同的意见暂时保留，下次再讨论。

다른 의견은 잠시 보류하였다가 나중에 다시 토론합시다.

보증 保证(保證) bǎozhèng

**동사** 보증하다. 담보하다.

我保证以后对你很好。

나는 앞으로 너에게 잘 할 것을 보증한다.

보험 保险(保險) bǎoxiǎn

**명사** 보험.

我丈夫在保险公司里工作。

내 남편은 보험회사에서 일한다.

### 보호 保护(保護) bǎohù

**동사** 보호하다.

保护环境，人人有责。

환경 보호는 모든 사람에게 책임이 있다.

---

意见 yìjiàn 〔명사〕**의견**.

暂时 zànshí 〔명사〕 잠시. 잠깐.

讨论 tǎolùn 〔명사〕 토론. 〔동사〕 토론하다.

---

## 宝

### bǎo 보배 보

海洋 hǎiyáng 〔명사〕**해양**.

天然 tiānrán 〔형용사〕 자연의.
천연의.

资源 zīyuán 〔명사〕 자원.

戒指 jièzhi 〔명사〕 반지.

假 jiǎ 〔형용사〕 거짓의. 가짜의.

### 보고 宝库(寶庫) bǎokù

**명사** 보고.

海洋是天然资源的宝库。

해양은 천연자원의 보고다.

### 보석 宝石(寶石) bǎoshí

**명사** 보석.

这个蓝宝石戒指是假的。

이 사파이어 보석 반지는 가짜다.

**bào** 알릴 보

### 보고 报告(報告) bàogào

**명사** 보고. 보고서. **동사** 보고하다. 발표하다.

那篇报告写得很好。

그 보고서는 참 잘 썼다.

### 보답 报答(報答) bàodá

**동사** 보답하다. 감사를 표하다. 은혜를 갚다.

我不知道怎么报答她。

나는 어떻게 그녀에게 보답해야 할지 모르겠다.

### 보복 报复(報復) bàofù

**명사** 보복. 앙갚음. **동사** 보복하다.

他伤害了我，所以我想报复他。

그가 나를 다치게 해서 나는 그에게 보복하고 싶다.

### 보은 报恩(報恩) bào'ēn

**동사** 보은하다. 은혜를 갚다.

我以后一定会报恩的。

나중에 꼭 은혜를 갚겠습니다.

---

**伤害** shānghài 〔동사〕 (몸을) (정신 · 감정 등을)상하게 하다. 손상시키다. 다치게 하다. 해치다. 상처를 주다.

## 普

**pǔ** 넓을 보

### 보급 普及 *pǔjí*

**동사** 보급되다. 퍼지다. 대중화시키다.

虽然空调普及了,
但人们还是很喜欢用电扇。

비록 에어컨이 보편화되었지만 사람들은 여전히
선풍기를 즐겨 사용한다.

### 보편 普遍 *pǔbiàn*

**형용사** 보편적인. 일반적인. 널리 퍼져 있는.

这种现象很普遍。

이런 현상은 매우 보편적이다.

### 보통 普通 *pǔtōng*

**형용사** 보통이다. 평범하다. 일반적이다.

这款手机很普通。

이 핸드폰은 매우 평범하다.

ㅂ

---

**虽然** suīrán 〔접속사〕 비록 …일지라도〔하지만〕. 설령 …일지라도.

**空调** kōngtiáo 〔명사〕 에어컨.

**还是** háishi 〔부사〕 아직도. 여전히.

**款** kuǎn 〔양사〕 종류. 모양. 유형. 스타일.

**fú** 옷 복

**복장 服装**(服裝) fúzhuāng

名詞 복장. 의류. 의상.

她是做服装生意的。
그녀는 의류사업을 한다.

**복종 服从**(服從) fúcóng

動詞 복종하다. 따르다.

我们要服从上级的命令。
우리는 상사의 명령에 복종해야 한다.

**上级** shàngjí 〔명사〕 상급(기관).
상급자. 상사(上司).

**fù** 회복할 복

다시 부

**복습 复习**(復習) fùxí

動詞 복습하다.

请大家回家以后认真复习。
모두들 집에 가서 열심히 복습하세요.

**부활 复活**(復活) fùhuó

動詞 부활하다.

人死了还能复活吗?
사람이 죽으면 부활할 수 있나요?

**běn** 근본 본

### 본능 本能 běnnéng

**명사** 본능. **부사** 본능적으로.

保护孩子是母亲的本能。

아이를 보호하는 것은 엄마의 본능이다.

### 본래 本来(本來) běnlái

**부사** 본래. 원래.

我本来就不想来这儿。

나는 원래 여기에 오고 싶지 않았다.

### 본성 本性 běnxìng

**명사** 본성. 천성. 본질.

人的本性是善良的。

인간의 본성은 선하다.

### 본인 本人 běnrén

**명사** 본인. 당사자.

这张照片上的人是你本人吗?

이 사진에 있는 사람은 본인입니까?

## 본질 本质(本質) běnzhì

명사 본질. 본성.

看事情不要只看表面，要看本质。
어떤 일을 볼 때는 표면만 보지 말고 본질을
보아야 한다.

---

保护 bǎohù 〔동사〕 보호하다.
母亲 mǔqīn 〔명사〕 모친. 어머니.
善良 shànliáng 〔형용사〕 선량하다. 착하다.
表面 biǎomiàn 〔명사〕 표면. 외견. 외관.

---

## 봉건 封建 fēngjiàn

명사 봉건 사회. 형용사 봉건적인.

他的思想很封建。
그의 사상은 매우 봉건적이다.

**fēng** 봉할 봉

**富**

fù 부유할 부

부귀 **富贵**(富貴) fùguì

〔형용사〕 부귀하다.

很多人都追求富贵。
매우 많은 사람들이 부귀를 추구한다.

부유 **富裕** fùyù

〔동사〕 부유하게 하다. 〔형용사〕 부유하다.

他的家庭很富裕。
그의 가정은 매우 부유하다.

追求 zhuīqiú 〔동사〕 추구하다.
탐구하다.

**夫**

fū 지아비 부

부부 **夫妇**(夫婦) fūfù

〔명사〕 부부.

他们夫妇的感情很好。
그들 부부는 사이가 좋다.

부인 **夫人** fūrén

〔명사〕 부인.

这是我的夫人。
이 쪽은 나의 부인입니다.

**bù** 나눌 부

부대 部队 (部隊) bùduì

명사 부대.

他还不习惯部队的生活。
그는 아직 부대 생활에 적응하지 못했다.

부락 部落 bùluò

명사 부락. 마을. 촌락.

这是一个原始部落。
이것은 원시 부락이다.

부문 部门 (部門) bùmén

명사 부문. 부서.

你在什么部门工作?
너는 어느 부서에서 일하니?

부분 部分 bùfen

명사 (전체 중의) 부분. 일부.

把不必要的部分删掉!
불필요한 부분을 삭제하세요!

부위 部位 bùwèi

명사 부위.

洗澡时不要碰受伤的部位。
목욕할 때는 부상당한 부위를 건드리지 않아야 한다.

习惯 xíguàn 〔동사〕 습관이 되다.
익숙해지다.
原始 yuánshǐ 〔명사〕〔형용사〕
원시(의).
删除 shānchú 〔동사〕 빼다. 삭제
하다. 지우다.
碰 pèng 〔동사〕 부딪치다. 충돌하
다. 만지다. 건드리다.
受伤 shòushāng 〔동사〕 부상당
하다. 부상을 입다.

174

fù 며느리 부
부녀자 부

부녀 妇女(婦女) fùnǚ

명사 부녀(자).

现在很多妇女都出去工作。
지금 매우 많은 여성들이 일을 한다.

fú 부호 부

부합 符合 fúhé

동사 부합하다. 들어맞다. 일치하다.

他很符合公司的要求。
그는 회사의 요구사항에 부합한다.

부호 符号(符號) fúhào

명사 기호. 표기.

这个符号是什么意思?
이 부호는 무슨 의미야?

腐 fǔ 썩을 부

부패 腐败(腐敗) fǔbài

(동사) 부패하다. 썩다.
(형용사) 부패하다. 문란하다.

如果政府腐败，国家不可能发展。
정부가 부패하면 나라가 발전할 수 없다.

政府 zhèngfǔ 〔명사〕 정부.
发展 fāzhǎn 〔동사〕 발전하다.

附 fù 붙을 부

부근 附近 fùjìn

(명사) 부근. 근처. 가까운 곳.
(형용사) 가까운. 인접한.

我家附近有一个咖啡店。
우리 집 부근에 카페가 하나 있다.

**fù** 질 부

부담 负担(負擔) fùdān

〔명사〕 부담. 책임. 〔동사〕 부담하다. 책임지다.

我不想给你增加负担。
나는 너에게 부담을 더해 주고 싶지 않다.

增加 zēngjiā 〔동사〕 증가하다. 더하다. 늘리다.

**fǒu** 아닐 부

难道 nándào 〔부사〕 설마 …란
말인가? 설마 …하겠는가?
事实 shìshí 〔명사〕 사실.
意见 yìjiàn 〔명사〕 견해. **의견**.

부인 否认(否認) fǒurèn

〔동사〕 부인하다. 부정하다.

难道你想否认事实吗?
설마하니 사실을 부인하려는 것은 아니겠지요?

부정 否定 fǒudìng

〔동사〕 부정하다. 〔형용사〕 부정의. 부정적인.

他否定了我的意见。
그는 나의 의견을 부정했다.

ㅂ

**fù** 버금 부

### 부작용 副作用 fùzuòyòng

**명사** 부작용.

这药有没有副作用?
이 약은 부작용이 있나요?

药 yào 〔명사〕 약. 약물.

**běi** 북녘 북

### 북경 北京 Běijīng

**명사** 베이징.

北京是中国的首都。
북경은 중국의 수도이다.

### 북방 北方 běifāng

**명사** 북방. 북쪽.

我家在中国的北方。
나의 집은 중국의 북방에 있다.

**粉**

fěn 가루 분

분필 **粉笔**(粉筆) fěnbǐ

명사 분필.

有没有粉红色的粉笔?
분홍색 분필 있나요?

---

**粉红色** fěnhóngsè 〔명사〕분홍색. 핑크색.

---

**愤**

fèn 분할 분

성낼 푼

분노 **愤怒**(憤怒) fènnù

형용사 분노하다.

他感到很愤怒。
그는 매우 분노를 느꼈다.

fēn 나눌 **분**

푼 푼

### 분가 分家 fēnjiā

**동사** 분가하다.

他们兄弟俩早就分家了。
그들 형제는 일찌감치 분가했다.

### 분류 分类 fēnlèi

**동사** 분류하다.

把这些东西分类放好。
이 물건들을 잘 분리해서 두어라.

### 분명 分明 fēnmíng

**형용사** 분명하다. 명확하다. 확실하다.
**부사** 분명히. 명확히. 확실히.

我们公司的老板赏罚分明。
우리 회사의 사장님은 상벌에 (있어서) 분명하다.

### 분비 分泌 fēnmì

**동사** 분비하다.

分泌系统对人体很重要。
분비계통은 인체에 있어서 매우 중요하다.

## 분산 分散 fēnsàn

**[동사]** 분산시키다. **[형용사]** 분산하다. 흩어지다.

不要分散他的注意力。

그의 주의력을 분산시키지 마라.

## 분석 分析 fēnxī

**[동사]** 분석하다.

你们应该仔细地分析一下这件事。

너희들은 이 일을 자세히 분석해야 한다.

## 분열 分裂 fēnliè

**[동사]** 분열하다. 분열시키다.

这个国家被分裂成两个国家。

이 나라는 두 개의 국가로 분열되었다.

## 분포 分布 fēnbù

**[동사]** 분포하다. 널려 있다.

这是我国的天然资源分布图。

이것은 우리나라의 천연자원 분포도이다.

---

老板 lǎobǎn 〔명사〕 상점의 주인. 사장.

赏罚 shǎngfá 〔동사〕 (잘한 것에) 상을 주고 (잘못한 것에) 벌을 주다. 〔명사〕 **상벌**.

注意力 zhùyìlì 〔명사〕 **주의력**.

仔细 zǐxì 〔형용사〕 **자세하다**. 세심하다. 꼼꼼하다.

天然 tiānrán 〔형용사〕 자연의. **천연의**. 자연적인.

资源 zīyuán 〔명사〕 **자원**.

fó 부처 **불**

### 불경 佛经(佛經) fójīng

명사 불경.

你平时看佛经吗?
당신은 평소에 불경을 봅니까?

### 불교 佛教(佛敎) Fójiào

명사 불교.

我爷爷信佛教。
나의 할아버지는 불교를 믿으신다.

### 불상 佛像 fóxiàng

명사 불상. 불체.

你买个佛像吧！
당신은 불상을 사세요.

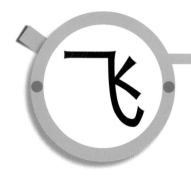

fēi 날 **비**

### 비행 飞行(飛行) fēixíng

동사 비행하다.

现在飞机的飞行高度是一万一千米。
현재 비행기의 비행 고도는 만 천 미터이다.

---

高度 gāodù 〔명사〕 고도. 높이.

## bǐ 견줄 **비**

### 비교 比较(比較) bǐjiào

**부사** 비교적. **동사** 비교하다.

我比较喜欢白色的沙发。
나는 흰색 소파를 비교적 좋아한다.

### 비유 比喻(比喻) bǐyù

**명사** 비유. **동사** 비유하다.

我们经常把孩子比喻成种子。
우리는 자주 아이를 씨앗에 비유한다.

### 비율 比率 bǐlǜ

**명사** 비율.

我们要计算一下成本和收益的比率。
우리는 원가와 수익의 비율을 계산해야 한다.

### 비중 比重 bǐzhòng

**명사** 비중.

中国人口中汉族人口占的比重大。
중국인구 중에 한족인구가 차지하는 비중이 크다.

沙发 shāfā 〔명사〕 소파.
种子 zhǒngzi 〔명사〕 종자. 씨. 씨앗.
计算 jìsuàn 〔동사〕 계산하다.
成本 chéngběn 〔명사〕 원가.
　　코스트(cost). 생산비.
收益 shōuyì 〔명사〕 수익.
占 zhàn 〔동사〕 차지하다.

ㅂ

悲

bēi 슬플 비

비관 悲观(悲觀) bēiguān

형용사 비관하다. 비관적이다.

不要这么悲观，会好的。
이렇게 비관하지 마, 좋아질 거야.

비극 悲剧(悲劇) bēijù

명사 비극.

他们之间的爱情是个悲剧。
그들 사이의 사랑은 비극적이다.

비애 悲哀 bēi'āi

명사 비애. 슬픔.
형용사 슬프고 애통하다. 비통해하다.

世界上有比这更悲哀的事吗?
세상에 이보다 더 슬픈 일이 있을까.

비참 悲惨(悲慘) bēicǎn

형용사 비참하다. 슬프다. 비통하다.

他的人生十分悲惨。
그의 인생은 매우 비참하다.

비통 悲痛 bēitòng

형용사 비통해하다.

听到这个消息以后，我很悲痛。
이 뉴스를 듣고, 나는 매우 비통했다.

爱情 àiqíng (명사) 애정. 사랑.
人生 rénshēng (명사) 인생.

## 鼻 bí 코 **비**

**비염 鼻炎** bíyán

**명사** 비염.

他的鼻炎又犯了。
그의 비염이 또 도졌다.

**비음 鼻音** bíyīn

**명사** 비음. 콧소리.

他说话有点鼻音。
그는 말할 때 약간 콧소리를 낸다.

犯 fàn 〔동사〕 (주로 좋지 않은 일이) 발생하다. 일어나다.

## 肥 féi 살찔 **비**

**비료 肥料** féiliào

**명사** 비료. 거름.

哪种肥料最好用?
어떤 종류의 비료가 가장 좋습니까?

**비옥 肥沃** féiwò

**형용사** 비옥하다.

这里的土地很肥沃。
이곳의 토지는 매우 비옥하다.

**mì** 숨길 비

비결 **秘诀**(秘訣) mìjué

명사 비결. 비장의 방법.

你有什么秘诀吗?
너는 무슨 비결이 있니?

---

비밀 **秘密** mìmì

명사 비밀.

我的年龄是秘密。
내 나이는 비밀이야.

---

비서 **秘书**(秘書) mìshū

명사 비서.

这位是我们公司的秘书。
이분은 우리 회사의 비서야.

fèi 쓸 비

비용 费用(費用) fèiyong

명사 비용. 지출.

出差的费用由公司负担。
출장 비용은 회사가 부담한다.

出差 chūchāi 〔명사〕 출장.
负担 fùdān 〔동사〕 부담하다.

pín 자주 빈

빈번 频繁(頻繁) pínfán

형용사 빈번하다. 잦다.

不要这么频繁地给我打电话。
이렇게 빈번히 나에게 전화하지 마.

**pín** 가난할 빈

빈곤 **贫困**(貧困) pínkùn

형용사 빈곤하다. 곤궁하다.

我从小在一个贫困的家庭长大。
나는 어렸을 때부터 빈곤한 가정에서 자랐다.

빈민 **贫民**(貧民) pínmín

명사 빈민.

这里是贫民区，住着很多贫民。
이곳은 빈민가로 많은 빈민이 살고 있다.

빈혈 **贫血**(貧血) pínxuè

명사 빈혈.

我的贫血很严重。
나는 빈혈이 심각하다.

---

**严重** yánzhòng 〔형용사〕 (정세·추세·정황 등이) 위급하다. 심각하다.

**bīng** 얼음 **빙**

빙산 冰山(氷山) bīngshān

〔명사〕 빙산.

在南极有很多冰山。
남극에는 빙산이 많다.

南极 nánjí 〔명사〕 남극.

# 使

**shǐ** 하여금 사

### 사명 使命 shǐmìng

명사 사명. 명령.

他的使命是什么?
그의 사명은 무엇인가요?

### 사용 使用 shǐyòng

동사 사용하다. 쓰다.

他不会使用电脑。
그는 컴퓨터를 사용할 줄 모른다.

# 死

**sǐ** 죽을 사

### 사망 死亡 sǐwáng

명사 사망. 동사 사망하다. 죽다.

每个人都要面对死亡。
모든 사람들은 다 죽음에 직면한다.

### 사형 死刑 sǐxíng

명사 사형.

韩国的法律中没有死刑。
한국의 법에는 사형이 없다.

面对 miànduì 〔동사〕 마주 보다.
직면하다. 직접 대면하다.
法律 fǎlǜ 〔명사〕 법률.

**xié** 비낄 사

사시 斜視(斜視) xiéshì

명사 사시.

他的眼睛有点斜视。
그의 눈은 약간 사시이다.

**shè** 모일 사

사회 社会(社會) shèhuì

명사 사회.

他很难适应社会生活。
그는 사회생활에 적응하기 어려웠다.

사회주의 社会主义(社會主義) shèhuì zhǔyì

명사 사회주의.

中国是一个社会主义的国家。
중국은 사회주의의 국가이다.

사교 社交(社交) shèjiāo

명사 사교.

我不喜欢参加社交活动。
나는 사교활동을 좋아하지 않는다.

適应 shìyìng 〔동사〕 적응하다.
活动 huódòng 〔명사〕 활동. 이벤트.
행사.

**SĪ** 사사 **사**

**사립 私立** sīlì

〔명사〕 사립.

我们学校是私立的。
우리 학교는 사립이다.

**사생활 私生活** sīshēnghuó

〔명사〕 사생활. 개인 생활.

请不要打扰我的私生活。
저의 사생활을 방해하지 마세요.

**打扰** dǎrǎo 〔동사〕 방해하다. 지장을 주다. 폐를 끼치다.

**SĪ** 생각 **사**

**사고 思考** sīkǎo

〔명사〕 사고. 사색.
〔동사〕 사고하다. 사색하다. 깊이 생각하다.

遇到难题，我们要多思考。
어려운 문제에 부딪히면 우리는 많이 생각해야 한다.

**사상 思想** sīxiǎng

〔명사〕 생각. 견해. 〔동사〕 생각하다. 고려하다.

他的思想很现代。
그의 사상은 매우 현대적이다.

**难题** nántí 〔명사〕 곤란한 〔어려운〕 문제. 난제

ㅅ

**shì** 일 사

### 사고 事故 shìgù

명사 사고.

这次事故是意外。
이번 사고는 의외였다.

### 사건 事件 shìjiàn

명사 사건.

这次的事件不会再发生。
이번 일은 다시는 일어나지 않을 것이다.

### 사정 事情(事情) shìqing

명사 일. 사건. 사고.

你怎么不知道这件事情?
당신은 왜 이 일을 모르나요?

### 사실 事实(事實) shìshí

명사 사실.

我说的都是事实。
내가 말한 것은 모두 사실이다.

### 사태 事态(事態) shìtài

명사 사태. 정황.

这次的事态很严重。
이번 사태는 매우 심각하다.

## 사무 事务(事務) shìwù

**명사** 일. 사무. 업무.

她只处理一些日常事务。
그녀는 단지 일상적인 사무만 처리한다.

## 사물 事物 shìwù

**명사** 사물.

任何事物都有两面性。
모든 사물은 양면성이 있다.

意外 yìwài 〔형용사〕 **의외**의. 뜻밖의. 뜻하지 않은.

日常 rìcháng 〔형용사〕 **일상**의. 평소의. 일상적인.

两面性 liǎngmiànxìng 〔명사〕 **양면성**.

師

shī 스승 사

사범 师范(師範) shīfàn

명사 사범 학교.

她考上了师范大学。

그녀는 사범대학에 합격했다.

考上 kǎoshàng 〔동사〕 시험에 합격하다.

产

chǎn 낳을 산

산지 产地(産地) chǎndì

명사 산지. 생산지.

这里是苹果的产地。

여기는 사과의 생산지이다.

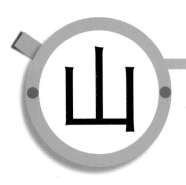

**shān** 뫼 산

### 산촌 山村 shāncūn

〔명사〕 산촌. 산골.

这个山村非常贫困。

이 산촌은 매우 가난하다.

### 산맥 山脉 (山脈) shānmài

〔명사〕 산맥.

这里是世界上海拔最高的山脉。

이곳은 세계에서 해발이 가장 높은 산맥이다.

### 산수 山水 shānshuǐ

〔명사〕 산수. 산과 물.

听说桂林的山水很美，我想去看看。

계림의 산수가 매우 아름답다고 해서 나는 가보고 싶다.

### 산양 山羊 shānyáng

〔명사〕 산양. 염소.

我家养了很多山羊。

우리 집은 많은 산양을 기른다.

人

---

贫困 pínkùn 〔형용사〕 빈곤하다. 곤궁하다.

海拔 hǎibá 〔명사〕 해발.

桂林 Guìlín 〔명사〕 꾸이린. 계림.

**sàn** 흩을 산

산보 散步 sànbù

[동사] 산책하다.

吃完饭以后我们一起去散步吧!
밥을 다 먹은 후에 우리 같이 산책하러 갑시다.

**suān** 실 산

산성 酸性 suānxìng

[명사] 산성.

医生说要少吃酸性食物。
의사는 산성 음식을 적게 먹어야 한다고 말했다.

食物 shíwù [명사] 음식물.

**shā** 죽일 **살**

살균 **杀菌**(殺菌) shājūn

[동사] 살균하다.

这些药能杀菌。
이 약들은 살균할 수 있다.

살인 **杀人**(殺人) shārén

[동사] 살인하다. 사람을 죽이다.

他因杀人而坐牢了。
그는 살인을 했기 때문에 감옥살이를 했다.

因...而... yīn'ér [접속사] 때문에~하다.
坐牢 zuòláo [동사] 옥살이하다. 수감되다.

人

**cháng** 떳떳할 **상**

상식 **常识**(常識) chángshí

[명사] 상식. 일반 지식.

这是一些生活常识。
이것은 생활 상식이다.

**shāng** 장사 상

**상점 商店** shāngdiàn

〔명사〕 상점. 판매점.

我一会儿要去一趟商店。
나는 잠시 후 상점에 한번 다녀와야 한다.

**상품 商品** shāngpǐn

〔명사〕 상품. 제품. 물품.

这里的商品很贵。
여기의 상품은 비싸다.

**상인 商人** shāngrén

〔명사〕 상인. 장사꾼. 장사.

他是一名商人。
그는 상인이다.

趟 tàng 〔양사〕 차례. 번.

**xiáng** 자세할 상

**상세 详细**(詳細) xiángxì

〔형용사〕 상세하다. 자세하다. 세세하다.

这份报告写得很详细。
이 보고서는 매우 자세하게 썼다.

**xiāng** 서로 **相**

### 상당 相当(相當) xiāngdāng

**동사** 상당하다. 대등하다. 엇비슷하다.
**부사** 상당히. 무척. 꽤.

他对这个结果相当满意。
그는 이 결과에 대해서 상당히 만족한다.

### 상대 相对(相對) xiāngduì

**형용사** 상대적이다. **부사** 비교적. 상대적으로.

美和丑是相对的。
아름다움과 추함은 상대적이다.

### 상반 相反 xiāngfǎn

**동사** 상반되다. 반대되다.
**접속사** 반대로. 거꾸로. 오히려.

他的性格和我相反。
그의 성격은 나와 반대이다.

### 상관 相关(相關) xiāngguān

**동사** 상관이 있다. 서로 관련 되다. 상관되다.

这两件事毫不相关。
이 두 가지 일은 전혀 상관이 없다.

人

---

满意 mǎnyì〔형용사〕만족하다. 만족스럽다. 흡족하다.
毫不 háobù〔부사〕조금도 …않다. 털끝만큼도 …하지 않다. 전혀 …하지 않다.

**xiǎng** 생각 상

상상 **想像** xiǎngxiàng

**명사** 상상. **동사** 상상하다.

他的想像力太丰富了。
그는 상상력이 매우 풍부하다.

**shāng** 다칠 상

상심 **伤心**(傷心) shāngxīn

**동사** 상심하다. 슬퍼하다.

知道这件事以后，我很伤心。
이 일을 알고 난 후 나는 매우 상심했다.

**zhuàng** 형상 상

상황 状况(狀況) zhuàngkuàng

〔명사〕 상황. 형편. 상태.

我的经济状况不怎么好。
나의 경제 형편은 별로 좋지 않다.

상태 状态(狀態) zhuàngtài

〔명사〕 상태.

她今天的精神状态很好。
오늘 그녀의 정신 상태는 매우 좋다.

不怎么 bùzěnme 〔부사〕 그다지. 별로.

**sè** 빛 색

색채 色彩 sècǎi

〔명사〕 색채. 색깔. 빛깔.

这幅画的色彩很鲜明。
이 그림의 색채가 매우 선명하다.

鲜明 xiānmíng 〔형용사〕 선명하다. 산뜻하고 밝다.

**生**

shēng 날 생

### 생산 生产(生産) shēngchǎn

**동사** 생산하다.

这个工厂专门生产汽车轮胎。

이 공장은 전문적으로 자동차 타이어를 생산한다.

### 생존 生存 shēngcún

**명사** 생존. **동사** 생존하다.

人离开了空气不能生存。

사람은 공기를 떠나서 생존할 수 없다.

### 생동 生动(生動) shēngdòng

**형용사** 생동하다. 생생하다. 생동감 있다.

她讲故事讲得很生动。

그녀는 이야기를 매우 생동감 있게 말한다.

### 생활 生活 shēnghuó

**명사** 생활. **동사** 살다.

他们婚后的生活很幸福。

그는 결혼 생활이 매우 행복하다.

### 생리 生理 shēnglǐ

**명사** 생리. 생리학.

这是一种生理现象。

이것은 생리현상의 일종이다.

### 생명 生命 shēngmìng

**명사** 생명. 목숨.

我很珍惜生命。
나는 생명을 매우 소중히 여긴다.

### 생일 生日 shēngrì

**명사** 생일.

你什么时候过生日？
넌 언제 생일을 지낼 거니?

### 생태 生态 shēngtài

**명사** 생태.

这样做会破坏这里的生态环境。
이렇게 하면 이곳의 생태 환경을 파괴할 것이다.

专门 zhuānmén 〔부사〕전문적
으로. 오로지. 일부러.
轮胎 lúntāi 〔명사〕타이어.
珍惜 zhēnxī 〔동사〕진귀하게 여
겨 아끼다. 소중히 여기다.
破坏 pòhuài 〔동사〕**파괴하다.**
环境 huánjìng 〔명사〕**환경.**

xù 차례 서

### 서술 叙述 xùshù

**동사** 서술하다. 기술하다.

把这件事再叙述一遍。
이 일을 한 번 더 서술하세요.

**shū** 글 서

서점 书店(書店) shūdiàn

명사 서점.

最近的书店在哪儿?

제일 가까운 서점은 어디에 있나요?

서면 书面(書面) shūmiàn

명사 서면. 지면.

这是书面语。

이것은 서면어이다.

**shì** 풀 석

석방 释放(釋放) shìfàng

동사 석방하다. 내보내다.

他昨天被释放了。

그는 어제 석방되었다.

**xiān** 먼저 선

### 선후 先后(先後) xiānhòu

(명사) 앞과 뒤. 전과 후.
(부사) 전후하여. 연속하여. 잇따라. 차례로.

名单排列不分先后。
명단 배열이 앞뒤 순서가 구별되지 않았다.

### 선진 先进(先進) xiānjìn

(형용사) 선진의. 남보다 앞선. 진보적인.

这些设备都很先进。
이 설비들은 매우 진보적이다.

### 선생 先生 xiānsheng

(명사) 남편. 선생님. 씨(성인 남성에 대한 경칭).

先生，你要去哪儿?
선생님, 당신은 어디로 가십니까?

人

不分 bùfēn 〔동사〕 구별하지 않다. 나누지 않다.
设备 shèbèi 〔명사〕 설비. 시설.

**xiān** 고울 선

선명 鮮明 xiānmíng

〔형용사〕 분명하다. 명확하다. 뚜렷하다. 선명하다.

这两种颜色形成鲜明的对比。

이 두 가지 색은 선명한 대비를 이룬다.

---

颜色 yánsè 〔명사〕 색.
对比 duìbǐ 〔명사〕 대비.

形成 xíngchéng 〔동사〕 형성하다. 이루다.

**shàn** 착할 선

선량 善良 shànliáng

〔형용사〕 선량하다. 착하다.

她是一个善良的女孩。

그는 착한 여자이다.

선의 善意 shànyì

〔명사〕 선의. 호의.

这是一个善意的谎言。

이것은 선의의 거짓말이다.

---

谎言 huǎngyán 〔명사〕 거짓말.

**chuán** 배 선

선원 **船员**(船員) chuányuán

**명사** 선원.

船员的工作很辛苦。
선원의 일은 매우 힘들다.

선장 **船长**(船長) chuánzhǎng

**명사** 선장.

他做船长很多年了。
그는 선장이 된지 오래되었다.

---

辛苦 xīnkǔ 〔형용사〕 고생스럽다. 수고롭다. 고되다.

**xuān** 베풀 선

선전 **宣传**(宣傳) xuānchuán

**동사** 선전하다. 홍보하다.

公司打算怎么宣传新产品?
회사는 어떻게 신상품을 홍보할 계획인가요?

**xuǎn** 고를 선

선거 **选举**(選舉) xuǎnjǔ

〔동사〕 선거하다. 선출하다.

你会参加这次选举吗?
당신은 이번 선거에 참가할 건가요?

선수 **选手**(選手) xuǎnshǒu

〔명사〕 선수.

这名选手的实力很强。
이 선수의 실력은 매우 좋다.

선택 **选择**(選擇) xuǎnzé

〔명사〕 선택. 〔동사〕 선택하다.

这是他的选择。
이것은 그의 선택이다.

---

**实力** shílì 〔명사〕 실력.

**强** qiáng 〔형용사〕 우월하다. 좋다.

设

shè 세울 설
베풀 설

## 설비 设备(設備) shèbèi

명사 설비. 시설. 동사 설비하다. 갖추다.

今天我们购买了许多设备。
오늘 우리는 많은 설비를 구매했다.

## 설계 设计(設計) shèjì

명사 설계. 디자인.
동사 설계하다. 디자인하다. 계획하다.

她的设计很特别。
그녀의 디자인은 매우 특별하다.

## 설립 设立(設立) shèlì

동사 설립하다. 건립하다.

明年我们要设立分公司。
내년에 우리는 지점을 설립할 것이다.

欣赏 xīnshǎng (동사) 감상하다.

人

雪

xuě 눈 설

## 설경 雪景 xuějǐng

명사 설경. 눈이 내리는 경치.

我在欣赏这美丽的雪景。
나는 이 아름다운 설경을 감상하고 있다.

## shuō 말씀 설

**产品** chǎnpǐn 〔명사〕 제품.
**功能** gōngnéng 〔명사〕 기능.
  작용. 효능.

설복 **说服**(說服) shuōfú

〔동사〕 설복하다. 설득하다.

我会说服他的。
나는 그를 설득할 것이다.

설명 **说明**(說明) shuōmíng

〔명사〕 설명. 해설. 〔동사〕 설명하다. 해설하다.

我来向大家说明这种产品的功能。
제가 여러분께 이 제품의 기능을 설명하겠습니다.

## shěng 살필 성
## 덜 생

생략 **省略** shěnglüè

〔동사〕 생략하다.

这句话中省略了主语。
이 말 속에는 주어가 생략되어 있다.

**主语** zhǔyǔ 〔명사〕 주어.

## 性 xìng 성품 성

### 성격 性格 xìnggé

**명사** 성격.

我们的性格不合适。
우리는 성격이 맞지 않는다.

### 성욕 性欲(性慾) xìngyù

**명사** 성욕.

他的性欲很强。
그는 성욕이 강하다.

### 성별 性别 xìngbié

**명사** 성별.

能力和性别无关。
능력과 성별은 무관하다.

## 诚 chéng 정성 성

### 성실 诚实(誠實) chéngshí

**형용사** 성실하다.

他很诚实, 不会说谎话。
그는 매우 성실해서 거짓말을 할 줄 모른다.

谎话 huǎnghuà 〔명사〕 거짓말. 허튼소리. 허언.

# 成

**chéng** 이룰 성

### 성분 成分 chéngfèn

명사 성분. 요소.

这个药的主要成分是什么?
이 약의 주요성분은 무엇인가요?

### 성공 成功 chénggōng

동사 성공하다. 이루다.   형용사 성공적이다.

只要坚持，一定会成功。
계속 고수한다면 반드시 성공할 것이다.

### 성과 成果 chéngguǒ

명사 성과. 결과.

我们的工作取得了很大的成果。
우리의 일은 매우 큰 성과를 거두었다.

### 성적 成绩(成績) chéngjì

명사 성적.

她的成绩一直很好。
그녀의 성적은 계속 매우 좋다.

### 성취 成就 chéngjiù

명사 성취. 성과. 업적.

他取得了很大的成就。
그는 매우 큰 성취를 얻었다.

## 성인 成人 chéngrén

**명사** 성인. 어른. **동사** 어른이 되다.

你成人了吗?

당신은 성인이 되었습니까?

## 성숙 成熟 chéngshú

**형용사** 성숙하다.

她的想法很成熟。

그녀의 생각은 매우 성숙하다.

## 성어 成语(成語) chéngyǔ

**명사** 성어.

我不理解这个成语的意思。

나는 이 성어의 뜻이 이해가 안된다.

## 성장 成长(成長) chéngzhǎng

**동사** 성장하다. 자라다.

这些照片记录了我的成长过程。

이 사진들은 나의 성장 과정을 기록하였다.

人

---

主要 zhǔyào 〔형용사〕 주요한. 주된.　　只要 zhǐyào 〔접속사〕 …하기만 하면.

坚持 jiānchí 〔동사〕 단호히 지키다. 견지하다. 고수하다.

取得 qǔdé 〔동사〕 취득하다. 얻다.　　想法 xiǎngfǎ 〔명사〕 생각. 의견. 견해.

记录 jìlù 〔동사〕 기록하다.　　过程 guòchéng 〔명사〕 과정.

**圣**

**shèng** 성인 성

성탄절 **圣诞节**(聖誕節) Shèngdàn Jié

명사 성탄절. 크리스마스.

今年圣诞节打算怎么过?
올해 크리스마스를 어떻게 보낼 계획이니?

성지 **圣地**(聖地) shèngdì

명사 성지.

这里是基督教的圣地。
이곳은 기독교의 성지다.

성경 **圣经**(聖經) shèngjīng

명사 성경. 성서.

他信基督教, 每天都读圣经。
그는 기독교를 믿고 매일 성경을 읽는다.

성인 **圣人**(聖人) shèngrén

명사 성인.

谁都不是圣人, 谁都有缺点。
누구나 성인이 아니며 누구나 단점이 있다.

---

**基督教** Jīdūjiào 〔명사〕 기독교.
**缺点** quēdiǎn 〔명사〕 결점. 부족한 점. 단점.

**shēng** 소리 성

성대 **声带**(聲帶) shēngdài

　명사　성대.

我的声带受伤了。
나의 성대는 상처를 입었다.

성조 **声调**(聲調) shēngdiào

　명사　성조.

普通话有四个声调。
중국어에는 4개의 성조가 있다

**受伤** shòushāng 〔동사〕 부상당하다. 부상을 입다. 상처를 입다.

**xǐ** 씻을 세

세차 **洗车**(洗車) xǐchē

　동사　세차하다.

你的车脏了，该洗车了。
너의 차가 더러워졌으니 세차를 해라.

**脏** zāng 〔형용사〕 더럽다. 불결하다. 지저분하다.

**shì** 인간 세

### 세기 世纪(世紀) shìjì

명사 세기.

这是上个世纪最有名的事件。
이것은 지난 세기 제일 유명한 사건이다.

### 세계 世界 shìjiè

명사 세계. 세상.

我想一个人去全世界旅游。
나는 혼자 전세계 여행을 가고 싶다.

### 세상 世上 shìshàng

명사 세상. 사회.

在这个世上，妈妈最好。
이 세상에서 엄마가 제일 좋다.

220

# 细

**Xì** 가늘 세

### 세포 细胞(細胞) xìbāo

명사 세포.

这种药能杀死癌细胞。
이런 약은 암세포를 죽일 수 있다.

### 세균 细菌(細菌) xìjūn

명사 세균.

他的病是由细菌引起的。
그의 병은 세균에 의한 것이다.

### 세밀 细密(細密) xìmì

형용사 세밀하다. 촘촘하다. 치밀하다.

他是个心思细密的人。
그는 생각이 세밀한 사람이다.

### 세심 细心(細心) xìxīn

형용사 세심하다. 면밀하다.

他这个人很细心。
그는 매우 세심하다.

人

---

杀死 shāsǐ 〔동사〕 죽이다.

癌 ái 〔명사〕 암.

引起 yǐnqǐ 〔동사〕 (주의를) 끌다. 야기하다. (사건 등을) 일으키다.

心思 xīnsi 〔명사〕 생각. 염두.

**suì** 해 세

세월 **岁月**(歲月) suìyuè

명사 세월.

岁月不知不觉地就过去了。
세월은 부지불식간에 지나갔다.

---

**不知不觉** bùzhībùjué 〔성어〕 자기도 모르는 사이에. 부지불식간에.

**suǒ** 바 소

소위 **所谓**(所謂) suǒwèi

부사 소위. 이른바.

这就是所谓的男女平等。
이것이 소위 말하는 남녀평등이다.

---

**平等** píngděng 〔명사〕 평등.

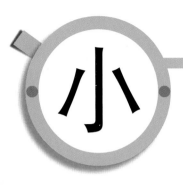

**xiǎo** 작을 소

소설 **小说**(小說) xiǎoshuō

**명사** 소설.

没事的时候我最喜欢看小说。
나는 일이 없을 때 소설책 읽는 것을 제일 좋아한다.

**shǎo** 적을 소
**shào** 젊을 소

**看起来** kànqǐlái 보아하니.
보기에.

소년 **少年** shàonián

**명사** 소년.

这个少年看起来很帅。
이 소년은 멋있어 보인다.

소녀 **少女** shàonǚ

**명사** 소녀.

少女的心最难懂。
소녀의 마음은 가장 이해하기 어렵다.

人

**xiāo** 사라질 **소**

소독 消毒 xiāodú

동사 소독하다.

病房已经消毒了。
병실은 이미 소독을 했다.

소비 消费(消費) xiāofèi

동사 소비하다.

现在人们的消费观改变了。
이제 사람들의 소비관이 바뀌었다.

소화 消化 xiāohuà

동사 소화하다.

晚上吃了太多，消化不太好。
저녁밥을 많이 먹어서 소화가 잘 안 된다.

소극 消极(消極) xiāojí

형용사 소극적이다. 의기소침하다.

你最近怎么这么消极？
너는 요즘 왜 이렇게 소극적이니?

소실 消失 xiāoshī

동사 소실하다. 없어지다. 사라지다.

兔子消失在树林中。
토끼는 숲속으로 사라졌다.

## 소식 消息 xiāoxi

〔명사〕 소식. 기별. 편지.

你知道这个消息吗?

너는 이 소식을 알고 있니?

兔子 tùzi〔명사〕토끼.

sù 빠를 속

## 속도 速度 sùdù

〔명사〕 속도.

你说话的速度太快了。

네가 말하는 속도는 매우 빠르다.

**sūn** 손자 손

손녀 **孙女** sūnnǚ

〔명사〕 손녀.

你的孙女很可爱。
너의 손녀는 매우 귀엽다.

손자 **孙子** sūnzi

〔명사〕 손자.

我有两个孙子。
나는 손자가 둘 있다.

**sǔn** 덜 손
줄어들 손

손상 **损伤**(損傷) sǔnshāng

〔동사〕 손상되다. 상처를 입다.

烫发会损伤头发。
파마는 머리카락을 손상시킬 수 있다.

손실 **损失**(損失) sǔnshī

〔명사〕 손실. 손해. 〔동사〕 손실되다. 손해 보다.

我们公司最近损失了很多钱。
우리 회사는 최근에 많은 돈을 손해 보았다.

**烫发** tàngfà 〔명사〕 파마.
〔동사〕 머리를 파마하다.

226

**shōu** 거둘 **수**

### 수집 收集 shōují

〔동사〕 수집하다. 모으다. 채집하다.

他喜欢收集邮票。
그는 우표수집을 좋아한다.

### 수록 收录(收錄) shōulù

〔동사〕 수록하다. 싣다. 올리다.

这里收录了他的很多作品。
여기에 그의 많은 작품이 수록되었다.

### 수용 收容 shōuróng

〔동사〕 수용하다. 받아들이다.

这里收容了很多孤儿。
여기는 많은 고아들을 수용하였다.

### 수입 收入 shōurù

〔명사〕 수입. 소득.

你最近的收入怎么样?
너 요즘은 수입이 어때?

人

---

邮票 yóupiào 〔명사〕 우표.
孤儿 gū'ér 〔명사〕 고아.

水

shuǐ 물 수

### 수분 水分 shuǐfèn

명사 수분.

吃水果能补充水分。
과일을 먹으면 수분을 보충할 수 있다.

### 수정 水晶 shuǐjīng

명사 수정.

这条水晶项链是妈妈送我的。
이 수정 목걸이는 어머니께서 나에게 주신 것이다.

### 수력 水力 shuǐlì

명사 수력. 물의 힘.

他们利用水力发电。
그들은 수력발전을 이용한다.

### 수재 水灾(水災) shuǐzāi

명사 수해. 수재.

今年这里又发生了水灾。
여기는 올해 또 수해가 발생했다.

### 수준 水准(水準) shuǐzhǔn

명사 수준.

这次演出水准很高。
이번 공연 수준은 매우 높다.

补充 bǔchōng 〔동사〕 보충하다.
　　보완하다.
项链 xiàngliàn 〔명사〕 목걸이.
利用 lìyòng 〔동사〕 이용하다.
　　활용하다. 응용하다.
发电 fādiàn 〔명사〕 발전.
　　〔동사〕 발전하다.

**shǒu** 손 수

### 수단 手段 shǒuduàn

**명사** 수단. 방법.

为了达到目的，他不择手段。
목적을 달성하기 위해서 그는 수단을 가리지 않는다.

### 수술 手术(手術) shǒushù

**명사** 수술. **동사** 수술하다.

明天我要去做一个小手术。
나는 내일 작은 수술을 하러 가야 한다.

---

**达到** dádào 〔동사〕 달성하다. 도달하다.

**目的** mùdì 〔명사〕 목적.

**不择手段** bùzéshǒuduàn 〔성어〕 수단을 가리지 않다. 온갖 수단을 다 쓰다.

人

**shù 나무 수**

수목 树木(樹木) shùmù

**명사** 수목. 나무.

这附近种了很多树木。
이 근처에 많은 나무를 심었다.

种 zhòng 〔동사〕 심다. 뿌리다. 파종하다.

**shǒu 머리 수**

수도 首都(首都) shǒudū

**명사** 수도.

韩国的首都是首尔。
한국의 수도는 서울이다.

수상 首相 shǒuxiàng

**명사** 수상.

日本的首相是谁?
일본의 수상은 누구인가요?

230

# 数

**shù** 셈 수

## 수학 数学(數學) shùxué

**명사** 수학.

你能教我数学吗?
너는 나에게 수학을 가르쳐 줄 수 있니?

## 숫자 数字(數字) shùzì

**명사** 숫자. 수.

七是我的幸运数字。
7은 나의 행운의 숫자이다.

幸运 xìngyùn 〔명사〕 행운.

# 修

**xiū** 닦을 수

## 수리 修理 xiūlǐ

**동사** 수리하다. 수선하다. 고치다.

明天你把车修理一下。
내일 너는 차를 좀 수리해라.

## 수녀 修女 xiūnǚ

**명사** 수녀.

我很感谢这位修女。
나는 이 수녀님께 매우 감사한다.

**xiù** 빼어날 수

수려 秀丽(秀麗) xiùlì

〔형용사〕 수려하다. 곱다.

这儿风景秀丽, 吸引了很多游客。

이곳은 경치가 수려하여 많은 관광객을 끌어들였다.

风景 fēngjǐng 〔명사〕 풍경. 경치.

吸引 xīyǐn 〔동사〕 흡인하다. 빨아 당기다. 끌어당기다. 끌다. 유인하다. 매료시키다.

游客 yóukè 〔명사〕 관광객.

**shuì** 졸음 수

수면 睡眠 shuìmián

〔명사〕 수면. 잠. 〔동사〕 수면하다. 잠자다.

我头疼是因为睡眠不足。

내가 머리가 아픈 것은 수면이 부족하기 때문이다.

不足 bùzú 〔형용사〕 부족하다. 충분하지 않다.

232

# 熟

**shú** 익을 숙

숙련 **熟练**(熟練) shúliàn

〔형용사〕 숙련되어 있다. 능숙하다.

她弹钢琴弹得很熟练。

그녀는 피아노를 매우 능숙하게 친다.

숙지 **熟知** shúzhī

〔동사〕 숙지하다. 분명하게 알다.

这是大家都熟知的歌曲。

이건 모두가 다 아는 노래입니다.

弹 tán 〔동사〕 (악기를) 타다.
뜯다. 치다. 연주하다.
钢琴 gāngqín 〔명사〕 피아노.
歌曲 gēqǔ 〔명사〕 노래. 가곡.

# 循

**xún** 돌 순

순환 **循环**(循環) xúnhuán

〔동사〕 순환하다.

这样做能促进血液循环。

이렇게 하면 혈액순환을 촉진시킬 수 있다.

促进 cùjìn 〔동사〕 촉진하다.
血液 xuèyè 〔명사〕 〔생물〕 혈액. 피.

人

**shùn** 깜짝일 **순**

순간 瞬间(瞬間) shùnjiān

〔명사〕 순간. 순식간.

这真是难忘的瞬间。

이것은 정말 잊을 수 없는 순간이었다.

难忘 nánwàng 〔형용사〕 잊기 어렵다. 잊을 수 없다.

**shùn** 순할 **순**
따를 **순**

순서 顺序(順序) shùnxù

〔명사〕 순서. 차례. 순번. 순차.
〔부사〕 순서대로. 차례(대)로.

请把顺序排列好。

순서를 잘 배열해 주세요.

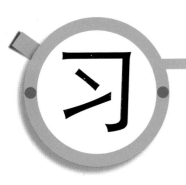

**xí** 익힐 **습**

습관 习惯(習慣) xíguàn

**명사** 습관. 버릇.
**동사** 습관이 되다. 적응하다. 익숙해지다.

人的习惯很难改变。
사람의 습관은 고치기 매우 어렵다.

改变 gǎibiàn 〔동사〕 고치다. 바꾸다. 달리 하다.

**shī** 젖을 **습**

습도 湿度(濕度) shīdù

**명사** 습도.

中国南方空气湿度大。
중국 남방지역의 공기는 습도가 높다.

습윤 湿润(濕潤) shīrùn

**형용사** 습윤하다. 축축하다. 촉촉하다.

她的皮肤很湿润。
그녀의 피부는 매우 촉촉하다.

皮肤 pífū 〔명사〕 **피부.**

**chéng** 탈승

승차 乘车(乘車) chéngchē

〔동사〕 승차하다. 차를 타다.

明天我打算乘车去。
나는 내일 차를 타고 갈 생각이다.

승객 乘客 chéngkè

〔명사〕 승객.

公共汽车上有很多乘客。
버스 안에 매우 많은 승객이 있다.

**shì** 보일 시

시범 示范(示範) shìfàn

〔명사〕 시범. 모범. 〔동사〕 시범하다. 모범하다.

老师先给你们做一个示范。
선생님이 먼저 너희에게 시범을 보이겠다.

시위 示威 shìwēi

〔명사〕 시위. 데모. 〔동사〕 시위하다.

街道上到处都是示威的人。
거리는 시위하는 사람들로 가득찼다.

到处 dàochù 〔명사〕 도처.
이르는 곳. 가는 곳. 곳곳

**shī** 베풀 시

시행 施行 shīxíng

〔동사〕 실행하다. 행하다.

这条规定从明天开始施行。

이 규정은 내일부터 시행한다.

规定 guīdìng 〔동사〕 규정하다. 정하다. 〔명사〕 규정. 규칙.

**shǐ** 비로소 시

시종 始终 (始終) shǐzhōng

〔명사〕 시종. 시작과 끝. 〔부사〕 시종일관. 줄곧.

我爱的始终都是你。

내가 사랑하는 사람은 줄곧 너였다.

ㅅ

shì 저자 시

### 시장 市场(市場) shìchǎng

**명사** 시장.

我要去市场买菜。
시장에 가서 장을 보려고 합니다.

### 시가 市价(市價) shìjià

**명사** 시가. 시세. 시장 가격.

这座大楼的市价是多少?
이 빌딩의 시세는 얼마입니까?

### 시장 市长(市長) shìzhǎng

**명사** 시장.

他今年当上了市长。
그는 올해 시장이 되었다.

---

**大楼** dàlóu (명사) 빌딩. 고층 건물.

**时**

shí 때 시

시차 时差(時差) shíchā

명사 시차.

韩国和中国有一个小时的时差。
한국과 중국은 1시간의 시차가 있다.

시대 时代(時代) shídài

명사 시대. 시기.

我们不是一个时代的人。
우리는 한 시대의 사람이 아니다.

시간 时间(時間) shíjiān

명사 시간.

我忘记了上课的时间。
나는 수업시간을 잊어버렸다.

시기 时期(時期) shíqī

명사 시기.

我很怀念大学时期的生活。
나는 대학시기의 생활이 그립다.

시사 时事(時事) shíshì

명사 시사. 최근의 국내외 대 사건.

他很关心时事新闻。
그는 시사뉴스에 관심이 많다.

怀念 huáiniàn 〔동사〕 회상하다.
추억하다. 생각하다. 회고하다.
그리워하다.
新闻 xīnwén 〔명사〕 (매스컴의)
뉴스.

# 视

**shì** 볼 시

### 시찰 视察(視察) shìchá

**동사** 시찰하다. 관찰하다.

听说总经理要来视察工厂。
사장님이 공장을 시찰하러 오신대.

### 시각 视觉(視覺) shìjué

**명사** 시각.

现在的视觉效果比以前的好。
지금의 시각 효과는 이전보다 좋다.

### 시력 视力(視力) shìlì

**명사** 시력.

我最近的视力不太好。
나는 요즘에 시력이 좋지 않다.

### 시야 视野(視野) shìyě

**명사** 시야.

多读书可以开阔我们的视野。
책을 많이 읽으면 우리의 시야를 넓힐 수 있다.

---

总经理 zǒngjīnglǐ〔명사〕사장님.
效果 xiàoguǒ〔명사〕효과.
开阔 kāikuò〔동사〕넓히다.

# 诗

**shī** 시 시

### 시가 诗歌(詩歌) shīgē

명사 시. 시가.

你会背多少诗歌?

너는 시를 얼마나 암송할 줄 아니?

### 시집 诗集(詩集) shījí

명사 시집.

这本诗集是他主编的。

이 시집은 그가 편집한 것이다.

### 시인 诗人(詩人) shīrén

명사 시인.

他是一位著名的爱国诗人。

그는 유명한 애국 시인이다.

人

主编 zhǔbiān 〔동사〕 편집을 주관하다.
著名 zhùmíng 〔형용사〕 저명하다. 유명하다.
爱国 àiguó 〔동사〕 애국하다.

**shì** 시험 시

시험 试验(試驗) shìyàn

명사 시험. 동사 시험하다. 실험하다.

你可以先试验一下这个方法。
너는 먼저 이 방법을 시험해 볼 수 있다.

**zhí** 심을 식

식물 植物(植物) zhíwù

명사 식물.

这种植物不喜欢阳光。
이런 식물은 햇빛을 좋아하지 않는다.

阳光 yángguāng 〔명사〕 얍광. 태양의 광선. 햇빛.

**shí** 밥 식

먹을 식

### 식량 食粮(食糧) shíliáng

[명사] 식량.

书籍是人类的精神食粮。

책은 인류의 정신적 양식이다.

### 식품 食品 shípǐn

[명사] 식품.

这些都是绿色食品。

이것들은 모두 녹색(무공해) 식품이다.

### 식당 食堂 shítáng

[명사] 구내 식당.

我习惯了去食堂吃饭。

나는 구내식당에 가서 밥을 먹는 것이 익숙해졌다.

### 식욕 食欲(食慾) shíyù

[명사] 식욕.

看见这些菜，我突然有了食欲。

이 음식들을 보고 나는 갑자기 식욕이 생겼다.

人

---

书籍 shūjí〔명사〕서적. 책.
人类 rénlèi〔명사〕인류.
精神 jīngshén〔명사〕정신.
突然 tūrán〔부사〕갑자기. 돌연히.

**shí** 알 식

식별 **识别**(識別) shíbié

동사 식별하다. 분별하다.

这个机器能识别人脸。

이 기계는 사람의 얼굴을 분별할 수 있다.

机器 jīqì 〔명사〕 기계. 기기.

**shēn** 몸 신

신체 **身体**(身體) shēntǐ

명사 신체. 몸. 건강.

多吃水果对身体好。

과일을 많이 먹으면 몸에 좋다.

신심 **身心** shēnxīn

명사 심신. 몸과 마음.

听音乐可以放松身心。

음악을 들으면 심신을 이완시킬 수 있다.

放松 fàngsōng 〔동사〕 늦추다. 느슨하게 하다. 이완시키다. 정신적 긴장을 풀다.

# 神

**shén** 귀신 **신**

### 신화 神话(神話) shénhuà

〔명사〕 신화.

这只是一个神话传说，不能相信。
이것은 단지 신화 전설일 뿐 믿을 수 없다.

---

### 신경 神经(神經) shénjīng

〔명사〕 신경.

他有点神经过敏。
그는 좀 신경과민이다.

---

### 신기 神奇(神奇) shénqí

〔형용사〕 신기하다. 신비롭고 기이하다.

大自然有很多神奇的现象。
대자연에는 신기한 현상이 많다.

---

### 신성 神圣(神聖) shénshèng

〔형용사〕 신성하다. 성스럽다.

教堂是很神圣的地方。
교회는 성스러운 곳이다.

---

### 신선 神仙(神仙) shénxiān

〔명사〕 신선. 선인.

这个世上有神仙吗？
이 세상에는 신선이 있나요？

---

传说 chuánshuō 〔명사〕 전설.
설화.

过敏 guòmǐn 〔형용사〕 과민하다.
예민하다.

大自然 dàzìrán 〔명사〕 대자연

教堂 jiàotáng 〔명사〕 교회당.
예배당.

人

## 信

**xìn** 믿을 신

### 신호 信号 (信號) xìnhào

명사 신호. 사인.

我的手机没信号了。
내 핸드폰이 신호가 끊겼다.

### 신념 信念 xìnniàn

명사 신념. 믿음.

困难动摇不了他的信念。
어려움은 그의 신념을 동요시킬 수 없다.

### 신임 信任 xìnrèn

동사 신임하다. 신뢰하다.

他很信任我。
그는 나를 매우 신임한다.

### 신도 信徒 xìntú

명사 신도. 신자.

我是基督教的信徒。
나는 기독교의 신자이다.

### 신앙 信仰 xìnyǎng

명사 신앙. 동사 신앙하다.

人人都有信仰的自由。
사람들 모두 신앙의 자유가 있다.

## 신용 信用 xìnyòng

**명사** 신용.

他这个人很讲信用。

그 사람은 신용을 매우 중시한다.

---

困难 kùnnan〔명사〕 곤란. 어려움. 애로.

动摇 dòngyáo〔동사〕 동요하다. 흔들리다.

……不了 …buliǎo …할 수 없다.

基督教 Jīdūjiào〔명사〕 **기독교**.

自由 zìyóu〔명사〕 **자유**.

---

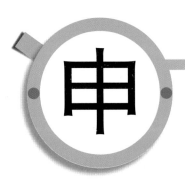

## 신청 申请(申請) shēnqǐng

**동사** 신청하다.

我打算申请奖学金。

나는 장학금을 신청하려고 한다.

**shēn** 펼 신

---

奖学金 jiǎngxuéjīn〔명사〕 장학금.

## 失

shī 잃을 실

### 실패 失败(失敗) shībài

동사 실패하다. 패배하다.

要想成功就不要害怕失败。
성공을 하고 싶으면 실패를 두려워하지 마라.

### 실연 失恋(失戀) shīliàn

동사 실연하다.

昨天我失恋了。
나는 어제 실연당했다.

### 실례 失礼(失禮) shīlǐ

동사 실례하다. 예의에 어긋나다.

你这样做是很失礼的。
당신이 이렇게 하는 것은 매우 실례이다.

### 실명 失明 shīmíng

동사 실명하다. 눈이 멀다.

他的眼睛差点儿失明了。
그는 하마터면 실명될 뻔했다.

### 실망 失望 shīwàng

동사 실망하다. 희망을 잃다.
형용사 실망스럽다.

我对他很失望。
나는 그에게 매우 실망했다.

害怕 hàipà 〔동사〕 겁내다. 두려
워하다. 무서워하다.

差点儿 chàdiǎnr 〔부사〕 하마터
면. 자칫하면.

### 실언 失言 shīyán

**동사** 실언하다. 잘못 말하다.

今天是我失言了，对不起。
제가 오늘 실언을 해서 죄송합니다.

### 실업 失业(失業) shīyè

**동사** 실업하다. 일을 잃다.

最近失业的人越来越多。
최근 실업한 사람들이 점점 많아지고 있다.

## 室

**shì** 집 실

温度 wēndù 〔명사〕 온도.
低于 dīyú 〔명사〕 ~보다 낮다.

### 실내 室内 shìnèi

**명사** 실내.

我们今天在室内上课。
우리는 오늘 실내에서 수업한다.

### 실외 室外 shìwài

**명사** 실외.

室内温度低于室外温度。
실내 온도가 실외 온도보다 낮다.

**shí** 열매 **실**

### 실제 实际(實際) shíjì

명사 실제. 형용사 현실적이다. 실제적이다.

你用实际行动证明你爱我。

당신은 실제행동으로 날 사랑한다는 것을 증명하세요.

### 실천 实践(實踐) shíjiàn

명사 실천. 실행. 동사 실천하다. 실행하다.

学历重要，实践更重要。

학력도 중요하지만 실천은 더 중요하다.

### 실력 实力(實力) shílì

명사 실력.

两个足球队的实力相当。

두 축구팀은 실력이 상당하다.

### 실물 实物(實物) shíwù

명사 실물.

实物比这幅画更漂亮。

실물이 이 그림보다 더 예쁘다.

### 실습 实习(實習) shíxí

동사 실습하다.

他是来这里实习的。

그는 여기에 실습하러 온 사람이다.

## 실현 实现(實現) shíxiàn

**동사** 실현하다. 달성하다.

我会帮你实现你的梦想。
내가 너의 꿈을 실현할 수 있도록 도울 것이다.

## 실행 实行(實行) shíxíng

**동사** 실행하다.

从明天开始实行新的管理制度。
내일부터 새로운 관리 제도가 시행된다.

## 실험 实验(實驗) shíyàn

**명사** 실험. **동사** 실험하다.

我每天都在实验室里做实验。
나는 매일 실험실에서 실험을 한다.

## 실용 实用(實用) shíyòng

**동사** 실제로 사용하다. **형용사** 실용적이다.

这个礼物虽然不漂亮，不过很实用。
비록 이 선물은 예쁘진 않지만 매우 실용적이다.

## 실전 实战(實戰) shízhàn

**명사** 실전. **동사** 실제로 싸우다.

他的实战经验很丰富。
그의 실전경험이 매우 풍부하다.

行动 xíngdòng〔명사〕행위. 거동.
　동작. 행동.

证明 zhèngmíng〔동사〕증명하다.

学历 xuélì〔명사〕학력.

梦想 mèngxiǎng〔명사〕꿈. 몽상.
　꿈이 이루어지기를 간절히 바라
　는 일.

管理 guǎnlǐ〔명사〕관리.

制度 zhìdù〔명사〕제도. 규정.

丰富 fēngfù〔형용사〕많다. 풍부
　하다. 넉넉하다.

人

**실질 实质**(實質) shízhì

명사 실질. 본질.

这个问题没有任何实质意义。
이 문제는 아무런 실질적인 의의가 없다.

xīn 마음 심

**심리 心理** xīnlǐ

명사 심리.

这是一种正常的心理反应。
이것은 일종의 정상적인 심리반응이다.

**심정 心情**(心情) xīnqíng

명사 심정. 감정. 기분. 마음. 정서.

她今天心情不太好。
오늘 그녀의 심정은 별로 좋지 않다.

**심혈 心血** xīnxuè

명사 심혈.

她为这份工作费尽了心血。
그녀는 이번 일을 위해 심혈을 다했다.

正常 zhèngcháng 〔형용사〕정상
적인.
反应 fǎnyìng 〔명사〕반응.
费尽 fèijìn 〔동사〕힘을 들이다.
애를 쓰다. 힘이 들다.

## 深 shēn 깊을 심

**심도 深度** shēndù

〔명사〕 심도. 깊이. 〔형용사〕 심한.

这篇论文有一定的深度。
이 논문은 어느 정도 심도(깊이)가 있다.

**심야 深夜** shēnyè

〔명사〕 심야. 깊은 밤.

今天工作很多，我一直忙到深夜。
오늘 일이 너무 많아서 나는 심야까지 바빴다.

---

篇 piān 〔양사〕 편. 〔문장을 세는 단위〕.
论文 lùnwén 〔명사〕 논문.

---

## 甚 shèn 심할 심

**심지 甚至** shènzhì

〔부사〕 심지어.

他甚至不知道我的名字。
그는 심지어 나의 이름조차도 모른다.

## 저자 소개

## 김미숙

現) 롱차이나 중국어 대표

前) 중국 산동대학 위해 캠퍼스 객원 교수
    우송대 겸임교수, 부천대 출강
    시대에듀 HSK
    중국어 관광통역안내사 강사

**저서**

50일 만에 끝내는
중국어 관광통역안내사 2차 면접

40일 완성 날로 먹는 중국어

확 꽂히는 중국어 1·2

착 붙는 新HSK 실전 모의고사 2급·3급

하오빵 新HSK 실전 모의고사 2급

롱롱 新HSK 1급 실전 모의고사

날로 먹는 중국어 어휘편 상/하

날로 먹는 중국어 관용어편

중국어는 섹시해

날로 먹는 중국어 여행 중국어

성어 때문에 울지 마라

작업의 정석 HSK

## 윤소현

인하대학교 중어중문학과 졸업.
롱차이나 중국어 네이버 카페스텝.
롯데 아이디어 공모전 은상, 나눔로또 홍보 아이디어 공모전 최우수상,
아모레퍼시픽 마케팅 공모 입선 수상.

**개정판**

**날로 먹는 중국어** 어휘편 上

**초  판 1쇄 발행**  2015년 5월 20일
**개정판 1쇄 발행**  2022년 1월 20일


**지은이**  김미숙·윤소현
**발행자**  김흥국
**펴낸곳**  도서출판 **| 문** (등록 제2013-000026호)

**주 소**  경기도 파주시 회동길 337-15 2층
**전 화**  031-955-9797(대표), 02-922-5120~1(편집부), 02-922-2246(영업부)
**팩 스**  02-922-6990
**ISBN**  979-11-86167-40-3
        979-11-86167-12-0  14720(세트)
**정 가**  14,000원